光文社 古典新訳 文庫

フロイト、性と愛について語る

フロイト

中山 元訳

kobunsha classics

JN020717

光文社

Beiträge zur Psychologie des Liebeslebens
I Über einen besonderen Typus der Objektwahl beim Manne.
1910

II Über die allgemeinste Erniedrigung des Liebeslebens.
1912

III Das Tabu der Virginität.
1918

Über die Psychogenese eines Falles von weiblicher Homosexualität.
1920

Der Untergang des Ödipuskomplexes.
1924

Einige psychische Folgen des anatomischen Geschlechtsunterschieds.
1925

Die "kulturelle" Sexualmoral und die moderne Nervosität.
1908

Author : Sigmund Freud

『フロイト、性と愛について語る』＊目次

フロイト、性と愛について語る

男性における対象選択の特殊な類型について——「愛情生活の心理学」への寄与（一）（一九一〇年）

愛する対象の選択について

わたしたちはどのような「愛情条件」のもとで愛する人を選ぶのだろうか。わたしたちは自分が想像の上で思い描いた愛する人のイメージと、現実とをどのようにして妥協させているのだろうか。これまでわたしたちはこうした問題について描きだすのは詩人に任せてきた。詩人たちはこのような課題を遂行するのに適したさまざまな特性を身につけているのであり、他人の心の密かな動きを感じ取る繊細な感受性をそなえているだけでなく、自分の心のうちの無意識的なものを語るだけの勇気ももちあわせているのである。

ただし詩人たちの描きだしたものがどれほどわたしたちの認識に役立つかというと、そこには大きな限界がある。というのも詩人たちは作品を作りだすにあたって、知的な快感や美的な快感を作りだすこと、そして特定の感情のもつ効果を実現することを目指しているからである。そのため詩人たちは現実の素材をそのまま描写することはできず、現実の素材の一部を全体から切り離して、作品の展開の妨げになる部分を取り除き、不足しているものを補いながら、全体像を巧みに作り上げなければならない。そこで発揮されているのが「詩的な自由」という特権なのである。

詩人たちはまた、人間の心の状態を完成したものとして描きだそうとするために、それがどのようにして生まれてきたか、どのように発展してきたかということには、あまり興味を示さない。そのためわたしたちのような科学者が、詩人よりも手つきは拙《つたな》く、詩人ほど大きな快感を与えることはできないとしても、詩人たちがこの数千年の間にわたしたちに提供してきた同じ素材を、研究の対象にするのは、避けがたいことである。このことからも、人間の愛情生活について厳密に科学的な吟味を加える必要がある。わたしたち人間の心の働きにおいて快感原則が働くのは避けられないことであるが、科学こそはまさに、こうした快感原則と訣別しようとするものなのである。

精神分析の治療において、神経症患者の愛情生活についてさまざまに考察する十分な機会が生まれてきた。そしてこのような考察によって、神経症患者にみられる振る舞いが、普通の健康な人や非凡な才能を持つ人にも同じようにみられることが確認されてきたのである。たまたま同じような素材にいくつも出会い、同じような印象が積み重なった結果として、ある独特な類型があることが明らかになってきた。わたしはここで、男性が愛する人を選ぶときの対象選択のある類型について考察したいと思う。というのもこの類型には、男性が愛する人を選ぶときの一連の「愛情条件」が含まれているが、ここでこれらについて説明したいと思うのは、これらの条件が同時に存在しているということはすぐには納得できず、奇怪な念を抱かせるものだということである。そしてこのことは精神分析によって簡単に解明できるからである。

三角関係の愛

一　こうした愛情条件のうちでまず指摘すべきものは、きわめて特殊な種類のものである。もしもこの条件の存在が確認された場合には、この類型に含まれているその他の特徴も必ず発見できると予測しうるのである。この第一の条件は「権利を侵害される第三者」の存在と呼べるだろう。この条件の内容は次のようなものである。こうした条件をそなえている男性は、自分の愛する人として、他人と婚約していない女性、すなわち若い娘や独身の女性を選ぶのではなく、他の男性が自分の妻としているか、許嫁《いいなずけ》としているか、親しい友人としていることによって、ある種の所有権を主張できるような女性ばかりを選ぶのである。

この条件がはっきりと現れるような場合には、こうした女性は、まだ誰のものともなっていないうちは、その男性の興味を惹かず、場合によっては軽蔑の対象とされることもあるが、その女性がすでに述べたような関係を他の男性と結ぶと、この類型の男性はたちまちその女性に惚れ込んでしまうのである。

娼婦型の女性への愛

二　第二の条件は、第一の条件ほど頻繁に現れないかもしれないが、第一の条件に劣らず目立つものである。わたしがここで述べている類型が成立するためには、第一の条件と第二の条件の両方が揃う必要があるが、第一の条件は単独でもしばしば観察されているようである。この第二の条件は次のようなものである。この類型の男性は純潔で貞節な女性にはまったく興味を惹かれず、しかもそのような美点は、いかなる愛の対象にもならないのであるが、むしろ性的な面でいかがわしい噂を立てられ、誠実さや信頼性について疑問を抱かれかねないような女性を、愛情の対象として選ぶのである。

このような性格の女性としてはさまざまな種類のものが考えられる。ちょっとした浮気なら拒まないような人妻という噂を立てられている女性とか、コケットな女性であるとか、恋愛の達人であるかのような生き方を露骨に示して、複数の愛人を持つことも拒まないような女性などである。そしてこの類型の男性は、こうした女性をどうしても諦めることができないのである。この条件をごく大雑把に「娼婦型の女性への愛」とでも呼べるだろう。

嫉妬心

第一の三角関係の条件は、自分が惚れ込んだ女性を所有している男性からその女性を奪い取る際に、この男性が敵意に溢れた競争心を生みだす欲動を作動させるきっかけとなるものである。また第二の女性の娼婦性という条件も、この類型の男性にとって不可欠なものと思われる嫉妬心の働きと関係がある。この類型の男性は嫉妬心に苦しめられることで、その情熱が頂点に達するのであり、相手の女性の価値もきわめて高くなるのである。こうした類型の男性は、このような強烈な感情を体験させてくれる機会を絶対に見逃そうとはしない。ところで興味深いのはこうした類型の男性が嫉妬するのは、相手の女性の正当な所有者に対してではなく、その女性とつき合っているのではないかと疑わせるような別の男性であるということである。極端な場合にはこの類型の男性は、相手の女性を一人で独占したいという願望をまったく示さず、かえって三角関係を楽しんでいるかのようにみえることがある。

わたしが分析したある男性は、愛する女性が浮気をすることにはとても苦しめられていたものの、その女性が別の男と結婚することにはまったく異議を唱えようとはしないのだった。それどころかその女性が結婚するようにあらゆる手を尽くし、その後の何年ものあいだ、その女性の夫に対してはまったく嫉妬を示さなかったのである。

精神分析を行った別の典型的な男性の例では、最初の頃の恋愛関係においては、愛する女性の夫に強い嫉妬を示し、相手の女性が夫と性交するのをやめなければ、満足しないほどだった。しかしこの男性がその後で経験したさまざまな恋愛関係では、同じ類型の他の男性たちと同じように、正規の夫がいることはまったく妨げにはならないようだった。

次に述べる第三と第四の条件は、愛情の対象となる女性に求められる条件ではなく、愛する男性がその選択対象に示す態度に関するものである。

誠実さという価値の無視

三　正常な愛情生活においては女性の価値はその貞節さによって決まるのであり、女性が娼婦のような存在に近づくと、その女性の価値は低下するはずである。そこでこの類型の男性において、娼婦的な性格を持つ女性が愛情対象として最高の価値を持つものとみなされるということは、正常からの特異な逸脱と考えることができる。
この種の女性と恋愛関係を維持するためには、他のすべての関心を消滅させてしまうような激しい心的なエネルギーの消費が必要とされる。ところがこの類型の男性にとっては、この種の女性だけが愛することのできる唯一の種類の女性なのである。そうした女性に対して誠実であれという自己への要求は、現実には何度も挫折することになるだろうが、そのたびごとに新しく頭をもたげてくるのである。

このような恋愛関係に強迫的な性格があるのはきわめて明らかである——もっとも

あらゆる恋愛において、こうした強迫的な性格というものは、つねに現れるものであるが。しかし恋愛関係につきものの誠実さとか感情の激しさなどのために、こうした誠実で激しい愛情関係だけが、恋愛の当事者の愛情生活のすべての内容を構成していると考えてはならない。またこうした類型の人の愛情生活において、そうした女性との関係が一度しか現れないと考えてもならない。むしろこの類型の男性の生涯において、こうした情熱は同じ特徴をそなえて何度も繰り返し再発するのであり、新たな情熱は以前の情熱を厳密にまねているかのようである。実際のところこうした愛情の対象は外的な条件に従って、すなわち居住地の変化や環境の変化に従って、次々と変わることがあるのであり、しまいには愛する女性の長い系列のリストができあがるほどである。

救済願望

四　この類型の男性には、愛する女性を「救おう」とする傾向がみられる。観察者にとってはこれはきわめて意外に思われるものである。この類型の男性は、自分の愛する女性が自分を必要としていて、自分なしではあらゆる道徳的な拠り所を失ってしまって、嘆かわしい状態に落ち込んでしまうと信じて疑わない。この男性は自分が女性を見捨てないでいることによって、その女性を救っていると信じているのである。女性を救いたいというこうした意図は、相手の女性が性的にだらしないからとか、社会的な生活が不安定だからというような理由で、個々の事例ごとに正当化される。ところがこのような理由が存在しない場合にも、相手の女性を救いたいという意図ははっきりと現れるのである。

こうした類型に分類されるべきある男性は、相手の女性を巧みに誘惑し、如才のない言葉遣いによって手に入れる方法を心得ていたが、ひとたびそのようにして恋愛関係に入ると、自分で作り上げた決まりを守らせ、なんとしてでも相手の女性に「貞淑」を守らせるためにはどんな苦労も惜しまなかったのである。

男性の愛の源泉

これまで述べてきた男性像の特徴としては、愛する女性がすでに他人の所有物であって自分の自由にならないという条件や、娼婦的な性格をそなえているという条件や、娼婦的であることによってこそ価値が高くなるという条件や、嫉妬心を掻き立てられねばならないなどの条件が必要であることを考えてみると、そして当の本人が次々と愛する女性を替えてゆくにもかかわらず、その時に愛している女性に対しては絶対に誠実であろうと努力すること、そして相手の女性を救おうと意図していることなどを考えてみると、これらのすべての条件を一つの源泉から導きだすのはほとんど不可能なものと思われるかもしれない。

しかしこれらの男性の生活史を精神分析によって調べてみれば、そうした唯一の源泉がすぐにみいだされる。このような独特な性格をそなえた対象選択と、その相手にたいするこれほどまでに異例な恋愛態度は、正常者の愛情生活にもみられるような心理的な由来をそなえているのである。すなわちこれらのものは、子供の頃の愛情が母親に固着したままであることから生まれたものである。これは、こうした母親への愛の固着が発生させたさまざまな帰結の現れなのである。

正常者の愛情生活においては、対象選択において母親が原型であることを明らかに示すような特徴はごくわずかしか残されていないものである。その一例として若い男性が年上の女性に惹かれがちであることをあげることができよう。多くの男性においては、リビドーが母親から引き離されるプロセスは、かなり迅速に完了するものなのである。ところがここで検討している類型の男性では、思春期になってもリビドーがまだ母親のもとにとどまっており、思春期の後になって選択された愛の対象である女性にも、母親の特徴が刻み込まれている。そしてこうした女性はすぐに母親の代理物となるのである。これは新生児における頭蓋形成の譬えで説明することができよう。分娩プロセスが長引いた場合には新生児の頭蓋は、母親の骨盤の出口の形をとどめざるをえないのである。

第三者の存在という条件

さてこれから、ここに示した類型の男性にみられる特徴的な性格と、その男性の愛情条件ならびに彼の恋愛態度が、実際に母親との関係に由来するものであることを、納得できるように示す必要があるだろう。第一の条件、すなわち愛する女性にすでに愛情関係における相手がいて、権利を侵害される第三者が存在しなければならないという条件は、すぐに説明できるだろう。家族のなかで育った子供にとっては、母親の基本的な性格は、母親が父親のものであるということであり、この父親こそが権利を侵害される第三者であることはすぐに理解できよう。

また愛する人がかけがえのない唯一の女性であるという過大評価的な特徴も、幼児の置かれた状況を考えてみればすぐに理解できる。すべての人は母親を一人しか持っていないのであり、母親との関係はいかなる疑いももちえず、しかも二度と反復することのできない出来事であるというしっかりとした基礎がそなわっているのである。

このようにわたしたちが論じている類型の男性の愛する女性は、母親の代理であることが分かれば、この男性が誠実さという条件とは正反対に思える別の条件、すなわち一連の同じ種類の女性に次々と惚れ込むという特徴もすぐに理解できよう。精神分析によってわたしたちは別の実例を通じて、無意識のうちに存在する唯一でかけがえのないものと思われるものも多くの場合、それを代理するものの限りのない系列のうちに溶け込んでしまうことを学んでいる。それが限りのないものという特徴をそなえているのは、代理物というものはそれがどのようなものであっても、もともと望んでいた満足を与えることはできないからである。

たとえばある年齢の子供たちは次々と質問を重ねて満足することがないようにみえるが、それは本当は彼らが口にすることができないただ一つの質問［子供の出生の秘密の質問］を問いたいためなのである。多くの神経症患者が饒舌であるのは、彼らがある秘密を抱えていて、しかもその秘密はどのように誘われても、他人に明かすことができない性格のものだからである。

娼婦性という条件

これに対して娼婦性を持つ女性が対象として選ばれるという第二の愛情条件は、母親コンプレックスからは説明しにくいように思われる。成人の意識的な思考からすれば、母親という存在は倫理的な純潔の化身として、犯しがたい存在であるべきであり、母親のこうした特徴に、外部から疑いがかけられたならば、わたしたちは侮辱されたように感じるものである。さらにこのような疑いが内部から浮かびあがる場合には、わたしたちにはきわめて耐えがたいものとなるのではないだろうか。

しかしこのように「母親」と「娼婦」というきわめて対立的な関係があるからこそ、こうした対立関係を出発点として、これらの二つのコンプレックスの発生史や、無意識におけるこれらの二つのコンプレックスの関係を究明してみたいと思うようになるものなのだ。というのもわたしたちはすでに、意識の側面では二つの対立物に分極していても、無意識においてはそれらが一つのものとして存在していることが多いことを熟知しているからである。

少年の母親コンプレックス

この問題を探求しながらわたしたちは、少年が初めて成人の性生活についてかなり正確な知識を手に入れる時期、すなわち前思春期の頃まで遡ることになった。この時期に少年は、性生活という対象を露骨に貶めながら、それでいて扇情的な効果を持つ下品な物語［猥談］を聞かされることによって、大人の性生活の秘密を知らされるものである。それによって性生活の実相が暴かれると、これまで大人が持っていた権威も丸つぶれになってしまう。

こうした下品な物語で、性生活について手ほどきを受けた子供たちが、なによりも大きな衝撃を受けるのは、自分の両親もまたその例外ではないことを知らされることである。その場合に子供たちは「お前の両親や他の人たちならそんなことをするかもしれないが、ぼくのお父さんやお母さんは絶対にそんなことはしない」などと言って、自分の両親はそのような下品な性行為などはしないと、きっぱりと否定しようとすることが多い。

ところでこのような「性教育」には決まって、性的な行為を生業としていて、そのために世の中から軽蔑されている女性たちについての知識が添えられていることが多いものである。少年たちはこうした女性たちをそれほど軽蔑しないものである。そして少年たちは、自分もこうした女性たちに導かれて、これまで「大人になる」までは絶対に禁じられていたはずの性生活に足を踏み入れることができることを知るようになると、そうした不幸な女性たちに憧憬と恐怖が混じり合った感情を抱くようになるのである。やがて少年たちは、自分の両親だけは性行為を行う不潔な大人たちとは違う存在であることに確信を持てなくなると、「お母さんも娼婦もそれほど違うわけではない。二人とも同じことをしているのだから」というシニカルではあるが、正しい判断を下すようになるのである。

というのも少年はこうした性教育によって目を開かれて、心のうちにある幼児期の印象や欲望の記憶痕跡を呼び覚まされるからである。そしてこうした記憶痕跡のうちからある種の心の動きが活発になる。やがて少年は新たな知識に基づいて、母親を強く愛し始め、こうした欲望を満たすことを妨げている父親を恋敵として新たに憎み始めるのである。このようにして少年はいわゆるエディプス・コンプレックスに支配されるようになる。

そして少年は、母親が性的な結びつきという恩恵を自分にではなく、父親に与えたことを許せなくなり、それを自分に不実な行いとみなすようになる。このような心の動きがすぐに消滅しない場合には、空想のうちに生き延びるしかない。この空想においては母親は、さまざまに異なる状況において性的な行為をしている人物として思い描かれる。この空想が少年に与える緊張はすぐに、オナニーによって解消されるのがつねである。

その場合には少年の心のうちでは欲望と復讐心という二つの激しい動機が絶えず同居しているので、少年にとっては母親の不実という空想がとくに優勢なものとなる。少年の空想において、父親を裏切っている母親の愛人となっている人物には多くの場合、少年の自我の特徴が見られる。この人物の特徴とは、より正確には理想化され、成長して父親の水準にまで高められた自己の人格の特徴なのである。

わたしは別のところで「ファミリー・ロマンス」という論文を発表したが[*1]、そこで描いたのは、このような空想活動がもたらすさまざまな所産と、この時期のさまざまな利己的な関心とこうした空想活動が混じり合ったものである。人間の心的な発達のこの部分についてのこうした洞察によれば、愛する人が娼婦性という条件をそなえていることは、母親コンプレックスから直接生まれるものであって、そこにはいかなる矛盾もなく、不可解なところもないのである。

男性の愛情生活のこのような類型は、こうした発達史の痕跡をとどめたものであり、少年の思春期の空想に固着したものであることは、すぐに理解できる。こうした空想は後に現実生活のうちでなんとかその出口をみいだすことができる。そして思春期にさかんに行われるオナニーが、このような空想の固着に大いに貢献したと考えるのは困難なことではない。

愛する人を「救いたい」と願う傾向

こうした空想は、現実の愛情生活を支配するまでに成長したものであって、これと比較すると、愛する人を救いたいと願う傾向と空想とは、意識的に説明することのできるごくゆるい表面的な結びつきしかそなえていないかのようである。そうした男性は、愛する女性が窮地に陥るのは本人の移り気と不実のためであると考えるのであり、愛する人の身持ちを見守り、悪しき傾向に落ちるのを防ぎながら、彼女を危険から守ろうと努力するのは理解できることである。

しかし人間の隠蔽記憶や空想や夜のうちに見る夢を研究してみると、そうした男性の心理は、見事に成功した夢の第二次加工に匹敵するほどの無意識的な動機の巧みな「合理化」が行われた成功例であることが分かるのである。実際のところはこの救いたいという動機には独自の意味と歴史がそなわっているのであって、これは母親コンプレックス、より正確には両親コンプレックスから生まれた独立した派生物なのである。

子供は自分が生まれたのは両親のおかげだとか、母親が子供に「生命を贈った」のだとか聞かされるのであるが、これを聞いた子供の心の中で、両親への愛情と独立したいという自己顕示的な欲動が結びついて、両親にこの贈り物のお返しをしたいという願望が、そしてそれと同じ価値のあるものを両親に贈りたいという願望が生まれるのである。

まるで少年が反抗心から「お父さんからは何も貰いたくない。お父さんがぼくに費してくれたものはみんなお父さんに返したい」と言おうとしているかのようである。そして少年は父親を生命の窮地から救いだすという空想を思い描き、これによって父親への借りを返そうとするのである。そしてこうした空想はしばしば、父親から皇帝、国王、その他の偉大な人物へと移されていくのであり、このように歪曲された後で意識にのぼることが可能になり、作家がこうした空想を利用するようにもなるのである。

この空想が父親に向けられる時には、反抗的な意味を持つ〈父親を助ける〉空想になることが多いが、母親に向けられた時には、愛情に関わる側面が重要な意味を持つようになる。母親は子供に生命を贈ったのであって、子供がこのかけがえのない贈り物を同じ値打ちのある別の物で返礼するのはたやすいことではない。しかし複数の概念を意識において融合させる場合と同じことだが、無意識のうちでたやすく行われるようにその意味をわずかに変えることによって、母親を救うという空想は、母親に子供を贈るとか子供を作ってやるという意味を持つ空想に変わるのである（当然ながらその子供は自分と瓜二つの子供である）。これは母親を救うという本来の意味からそれほどかけ離れた空想ではないし、意味の違いもそれほど恣意的なものではない。

たしかに母親は少年に一つの生命を贈り、それによって彼は生命を得たのであるが、その返礼として彼は母親に別の生命を、すなわち自分とよく似ている子供の生命を贈るというのである。息子は母親に感謝の意を示すために、母親から自分自身と同じ息子を得たいと願うのである。すなわち息子は母親を救うという空想のうちで、完全に父親と同一化するのである。すべての欲動は、すなわち愛情の欲動、感謝の欲動、性的な欲動、反抗的な欲動、独立欲動などは、自分が自分の父親でありたいと願う欲望によって満たされるのである。このような意味の変化によって、「母親が救助を必要とするような」危険な状況におかれているという状況そのものの意味が失われることはない。

わたしたちは出産という危険な経験を、母親の努力によってどうにか切り抜けることができたのである。出産はわたしたちが人生において経験する最初の危険であり、わたしたちがその後で不安に陥る原因となるあらゆる危険の原型をなすものである。そしておそらくこの出産という経験こそ、わたしたちが不安と呼ぶ情緒表現をわたしたちのうちに残していったものなのである。だからこそスコットランドの伝説の英雄マクダフは、母親の腹から生まれたのではなく、母親の腹を切り開いてこの世に生まれてきたことによって、不安というものをまったく知らなかったのである。

古代ギリシアの夢占い術師アルテミドロスは、夢はその夢を見る人物に応じて意味が変わるのだと主張したが、これは正しかった。無意識的な思考の表現に当てはまる法則によると、「救う」という行為は、それが男性によって空想されたものであるか、女性によって空想されたものであるかによって、意味が異なってくる。男性が空想した場合にはそれは、子供を作る、あるいは子供を産ませることを意味し、女性が空想した場合にはそれは、自分の腹を痛めて子供を産むことを意味するのである。

〈救う〉という行為が夢や空想においてさまざまな意味を持つことは、とくに水との関連で考えると明らかになる。夢の中で男性が女性を水の中から救い上げた場合には、男性が女性を母親にすることを意味する。これは今までの文脈で言えば、少年が救い出した女性を自分の母にするということである。女性が他人である子供を水の中から救い上げた場合には、モーセの伝説に語られた国王の娘のように[*2]、女性がその子供を産んだ母親であることを意味しているのである。

少年が父親を救うという空想も、愛情を含む意味合いを持つことがある。その場合にはこうした空想は父親を息子にしたい、すなわち父親のような息子を持ちたいという欲望を示すものである。救いたいという動機と両親コンプレックスのこのような関係のうちから、ここで説明した愛情類型の根本的な特質の一つとして確認されたように、愛する女性を救いたいという心的な傾向が生まれるのである。

わたしはここでは観察材料から、極端で顕著な類型を選び出すという研究方法を採用したが、これは肛門性愛の考察の際に採用した方法であり、改めてそれについて釈明する必要はないだろう。どちらの場合にも、指摘した類型の特徴のうちの一部しか確認されなかったり、確認されてもごく曖昧なものでしかなかったりする症例は多いのである。これについて正しく評価するためには、この類型が見られる全体的な連関を解明する必要があることは、言うまでもないことである。

原注

＊1　オットー・ランク『英雄誕生の神話』一九〇九年所収。

＊2　同。

性愛生活が多くの人によって貶められることについて――「愛情生活の心理学」への寄与（二）（一九一二年）

一

心的なインポテンツの障害

精神分析の開業医が、自分のところに助けを求めてくる患者の悩みはどのようなものがもっとも多いだろうかと自問してみたとすれば、複雑な構造を持つ不安の悩みを別とすれば、心的なインポテンツの悩みがもっとも多いことに気づくだろう。この心的なインポテンツという奇妙な障害は、性的な欲望の強い男性にとくに多くみられるものである。性行為を遂行すべき器官が、実際の行為の前にあっても後にあってもまったく異常がなく、そうした行為を遂行する能力と強い気持ちもありながら、それを遂行することを拒んでしまうのである。

患者が自分の障害に気づく最初のきっかけは、特定の女性と性交しようとする時に限ってうまくゆかず、他の女性との場合にはそのようなことがまったくないことを経験した場合である。その場合にその男性は、自分の男性としての性的な能力が発揮できないのは、性的な対象である相手の女性の何らかの特性のためだと考えるようになり、分析医に対して、自分のうちに何か性交を妨げる内的な要因があって、性交に逆らう意志を感じているために、意識の上では性交を望んでいるのに、この願望の実現が妨げられると訴えることが多い。

それでいて患者には、この性交を妨げる内的な要因とはいったい何であるのか、性的な対象である相手の女性のどのような特性がそれを妨げるのかを明らかにすることはできない。このような失敗が何度か繰り返されると、患者はよくあるように、最初の失敗の記憶のために不安が起こり、そのために失敗が繰り返されるのだという誤った判断を下すようになる。それでいて患者はその最初の失敗そのものは、何らかの「偶然的な」印象のためだと考えているのである。

心的インポテンツの原因

このような心的インポテンツではすでに複数の研究者が精神分析的な研究を行っており、その結果も発表されている。[*1] 精神分析の臨床家であれば、すでに発表された研究に示されている説明を、自分の経験からも確認できるはずである。ここで起きているのは、個人の意識によっては捉えることのできないある種の心理的なコンプレックスが、性行為を妨げているということである。病原となるこうした素材の最も一般的な内容として目立つのは、母親や姉妹に対する近親相姦的な固着が克服されないままで残っていることである。それ以外にも、小児期において性行為に関連して偶然に不快な印象を受けたことによる影響や、ごく一般的に、女性という性的対象に向かうべきリビドーを減少させるように働くいくつかの要因を指摘することができる。[*2]

心的インポテンツのさまざまな顕著な症例を詳しく分析してみると、そのような場合には次のような心理的な性的プロセスが働いていることが明らかになる。この症状の基本的な原因もリビドーがその正常とみなされている最終段階にまで発展していくことが阻害されていることにあり、これはすべての神経症的な障害においても確認されている。リビドーの愛情的な流れと官能的な流れという二つの異なる流れが合流することで、初めて完全で正常な性行為が可能となるのであるが、この障害の場合にはこの二つの流れがうまく合流しないのである。

リビドーの愛情的な流れ

これらの二つの流れのうちでは、官能的な流れよりも愛情的な流れのほうが早い時期に現れる。この愛情的な流れは幼児期の早い段階ですでに発生している。これはそもそも自己保存欲動の利害関係のうちで生まれるものであって、家族や自分を世話してくれる人たちに向けられる。ただしこの愛情的な流れのうちには、性愛的な利害関係の要素である性的な欲動がすでに含まれているのであって、これらは幼児期において多かれ少なかれ顕著にみられる。そして神経症患者の場合には、後年の精神分析によってその存在が例外なく確認されるものである。

この愛情的な流れは幼児が第一次対象選択を行う際に生まれるものである。性欲動はその最初の対象を、自我欲動による対象の評価に委託してみいだすのであり、それは最初の性的な満足が、生命の維持のために必要な身体の機能に委託してみいだされるのと同じである。そのことをわたしたちはこの愛情的な流れを研究することによって理解するのである。

両親や子供を世話する人々が子供に向ける「愛情」にエロス的な性格があることは疑いようのないことであり(「子供はエロス的な玩具である」と言われることがある)、こうした愛情が、子供の自我欲動の備給のためのエロス的なエネルギーを増大させるのに貢献するのである。このエロス的なエネルギーがそのためにもたらす寄与は、後年の子供の発達において考慮しなければならないほどの大きさになる。その他の事情によってこれが促進される場合には、それはさらに重要なものとなるだろう。

リビドーの官能的な流れ

子供は幼年期間を通じてずっとこれらの人々に愛情を固着させるのであり、そのためにエロス的なエネルギーが絶えず要求される。このようにして、エロス的なエネルギーは本来の性的な目標から逸れてしまうのである。

思春期になるとこの愛情的な流れに、強い「官能的な」流れが加わるが、この流れがその目標を見誤ることはない。この官能的な流れは見たところ、誤ることなく古い道を辿るのであって、その際に幼児の第一次の選択対象に、以前よりも大きなリビドーを備給するようになる。しかしこの流れは思春期にいたるまでに作り上げられた近親相姦のタブーという障害にぶつかるので、現実的なものとはなりえない「母親という」対象から離れて、現実に性生活を送ることができる血の繋がりのない別の対象に迅速に移行しようと努力することになる。

血の繋がりのない別のこの対象も、幼児期に選んだ愛情の対象をお手本（イマーゴ）として選ばれるのだが、やがては以前の対象に固着していた愛情も、この新しい対象に惹きつけられることになるだろう。このようにして男性は、聖書の教えに従って、父と母から離れて妻の後を追うようになり、それによって愛情と官能が合流できるようになるのである。最高度の官能的な恋愛は、必然的に最高度の心理的な価値評価を伴うことになる。男性が性的な対象としての女性を過大評価するのは、こうした正常なプロセスによるものである。

二つの阻害要因

リビドーがこの発展段階を順調に進むことができなくなる二つの決定的な要因がある。その一つは「相手からの拒否という」現実からの拒否である。新しい対象選択を行っても、その対象から拒否されてしまえば、その選択は価値のないものとなってしまう。そもそも適切な対象を選択することが許されないか、対象を選択してもそれが受け入れられる見込みがないのであれば、対象選択を行うことそのものが、意味のないものとなる。

その第二の要因は、幼児が新しい対象選択を行う際に捨てられるべき古い対象が、幼児に対してまだきわめて大きな魅力を発揮していることである。この魅力の強さは、幼児が幼児期において、この対象にどれほど大きなエロス的なエネルギーを備給していたかによって決まる。

これらの二つの阻害要因が有力であると、神経症を形成するための一般的なメカニズムが作動し始める。そしてリビドーは現実に背を向け、空想活動のうちに引き込まれる〈これが〈内向〉である〉。そして最初にあった幼児期の性的対象のイメージが強化され、リビドーはこれに固着してしまう。ところが近親相姦のタブーのために、幼児期の性的な対象に向けられたリビドーは、無意識のうちにとどまらざるをえなくなる。このようにして官能的な流れは無意識のうちにとどまることになり、わずかにオナニーにおいてその活動を許されるが、これは最初の性的な対象への固着を強めるばかりである。

現実に向かって進めなくなったリビドーが、今や空想の中だけで展開されるようになろうとも、あるいはオナニーによる満足に終わる空想状況において、もともとの性的な対象が、別の性的な対象に置き換えられようとも、この状況に変わりはない。たしかに別の性的な対象に置き換えられることによって、空想が意識面に現れることができるようになるかもしれないが、現実におけるリビドーの行き先という観点からは、いかなる前進もみられないのである。

このようにして、こうした若者のすべての官能が、無意識のうちで近親相姦的な対象に結びつけられたままになる。すなわちすべての官能が無意識のうちで、近親相姦的な空想に固着されるのである。そのために若者は完全なインポテンツに陥る。そしてそれと同時に性交を遂行すべき器官が実際に萎縮してくると、それはますます、決定的なものとなるのである。

インポテンツの緩やかな必要条件

ところで本来の心的なインポテンツが発生するためには、もう少し緩やかな条件で十分である。この場合には官能的な流れの全体が、愛情的な流れの背後に押しやられるという運命に出会う必要はない。官能的な流れの一部は、現実への出口を見つけるだけの力強さを持っているか、あるいはそれほどの拘束は受けていないと考えることができる。しかしこうした人々においてはその性行為の背後に十分な心的な欲動の力が働いていないことは、いくつかの兆候からも明らかである。こうした人々の性行為は気まぐれなものであり、すぐに躓いてしまい、行為においても不手際で楽しみの少ないものである。それは何よりも愛情的な流れに、背を向けたものなのである。そのために対象選択に制限が加えられることになるのである。

官能的な流れはその積極性を失っていないものの、自分には禁じられている近親相姦的な人物を思い出させることのないような対象しか、選ぼうとしない。ある人から強い感銘を受けて、その人を心的に高く評価したいと思っても、その評価が官能を刺激することにはならず、その愛情はエロス的な働きを含まないものとなってしまう。こうした人の愛情生活はこのように二つの方向に分裂したままなのである。

芸術はこうしたものを天上的な愛と、地上的な愛あるいは動物的な愛として人格化する。こうした人は、対象を愛する時は欲情によって求めず、欲情によって求める時には愛することができないのである。彼らは自分の官能を愛する対象から遠ざけようとするために、愛する必要のない対象を求めることになる。また近親相姦を避けるべく選択した対象に存在するごく目立たない特徴が、避けるべき「近親相姦の」対象を思い出させる時には、「コンプレックスにそなわる過敏性」の法則と、「抑圧されたものの回帰」の法則によって、心的インポテンツという奇妙な機能不全の現象が現れるのである。

患者の対策

このような愛情分裂に悩まされた人が、障害を防ぐために利用できる主な予防手段としては、性的な対象を心的に貶めるという方法がある。ところで性的な対象は一般に過大評価されるのが常であるため、こうした過大評価は近親相姦的な性的対象やその代用物に向けられてしまうことになる。このように性的な対象を心的に貶めるという条件が満たされた後で、官能はやっと自由に力を発揮して、性的な活動を営むことができるようになり、強い快感を味わうこともできるようになる。

ただしそのためにはもう一つ別のところからの手助けが必要である。というのは、愛情的な流れと官能的な流れが正常に合流していない人の愛情生活は、それほど洗練されたものではないことが多いのである。彼らの性目標は倒錯したままであり、この倒錯した性目標が満たされないと、快感を大いに損なうものとして感じられる。しかもこうした人では、性目標が満たされるのは、貶められて軽蔑された性的対象だけに限られるようである。

このようにして第一章で取り上げた母親を娼婦の位置にまで貶める少年の空想に含まれている動機が明らかになる。こうした空想は愛情生活におけるこれらの二つの流れの間の裂け目を、少なくとも空想のうちで埋めようとする努力であり、母親を貶めておいてから官能の対象としようとするものなのである。

二

考えられる反論

これまで述べてきたのは、この論文のタイトルにはふさわしくない心的インポテンツの医学的および心理学的な研究についてであったが、わたしたちの本来のテーマを考察するために、こうした導入がどうしても必要であったことは、いずれお分かりいただけることと思う。

わたしたちは心的インポテンツが生まれるのは、愛情生活において愛情的な流れと官能的な流れが合流しないことによるものであることを指摘し、このような発達障害が生まれる理由は、幼児期の性的な対象に対する強い固着と、近親相姦のタブーのために、後年においてこの固着を実現することが現実的に不可能となることの影響によることを示してきた。

この理論に対しては次のような反論が考えられる。たしかにこの理論は、特定の種類の人々が心的インポテンツに悩むようになる理由については、わたしたちに多くのことを教えてくれるのではあるが、こうした障害に悩まない人もいるのはなぜかという謎については何も教えてくれない。ところでこれまで指摘されたさまざまな要因は、幼児期における強い固着とか、近親相姦のタブーとか、思春期以後の発達年齢における現実からの拒否などであるが、こうしたことはほとんどあらゆる文明人に共通してみられることであるから、心的インポテンツというのは個人的な疾患というよりも、文明一般の病なのだと考えるべきではないだろうか、という反論である。

心的インポテンツが発病する原因の量的な要素、すなわち個々の要因がどの程度の大きさになれば明確な病として発病するかを考察する必要があることを指摘して、こうした反論を否定するのはたやすいことだろう。そしてわたしもこのようにして反論を否定するのは正しいことであると考えている。それでも、これをもってこの反論そのものを否定してしまうつもりはない。むしろわたしは心的インポテンツは予想外に広い範囲でみられる現象であり、文明人の愛情生活の特徴の一つは、このような反応が多かれ少なかれ確認されることにあると主張したいのである。

もしも心的インポテンツという概念を広い意味に理解して、快感をえようとする意図はあり、性的な器官にいかなる異常もないにもかかわらず、性交を行うことができないことに限らないとすれば、一般に心的な不感症と呼ばれている男性の多くは、心的インポテンツとみなすことができるだろう。これらの人々は性交不能にはならないが、性交によって特別な楽しみをえることができないのである。そしてこうした事例は予想以上に多い。

こうした症例については、精神分析によって研究することによって狭義の心的インポテンツと同じような病因論的な要因が発見された。ただしこのような症例の違いが生まれる理由は明らかにならなかった。不感症の男性の数の多さから考えると、不感症の女性の数はさらに多いだろう。こうした不感性の女性の愛情における振る舞いについては、大げさに問題とされる男性の心的インポテンツとの類比によって、事実として正確に記述され、理解することができるのである。[*3]

広義の心的インポテンツ

ただしわたしたちが心的インポテンツという概念を拡大していくのではなく、このインポテンツの症状のさまざまなニュアンスに注意を払ってゆけば、現代の文明世界一般における男性の愛における振る舞いが、一般に心的インポテンツの類型によって理解できるものであることはすぐに明らかになる。教養のある人間において、愛情の流れと官能の流れが適切な形で合流しているのはごく稀なことなのである。

多くの男性は、女性に対する尊敬の念のために、性的な行為において自由に振る舞えないと感じており、性的な能力を十分に発揮することができるのは、性的な対象を貶めることのできる場合に限られるのである。これは男性の性目標に倒錯的な要素が含まれているためでもある。男性は自分が尊敬している女性を相手にすると、こうした倒錯的な要素を満足させることができなくなる。こうした男性が十分な性的満足をえることができるのは、その男性が相手にいかなる配慮をすることもなく、自分の性の満足だけを目指している場合に限られるのである。ところが男性としては、たとえば自分の上品な妻を相手にして、このように振る舞うことはできないのである。

だからこそ男性には、貶められた性的な対象が必要なのである。たとえば倫理的に低い価値しかないとみられた女性を相手にするのであれば、審美的な見地から相手に配慮する必要はなくなる。またその女性が生活のその他の面での自分を知ることはないだろうし、評価することもないだろうと予想することができる。そこで男性は自分が尊重する女性には愛情を捧げながら、自分の性的な能力はこのような劣った立場にある女性に喜んで向けようとするのである。

きわめて身分の高い男性が、低い階層の女性と長い間つきあっていたり、やがてはこうした女性を正妻として迎えたりすることがしばしばみられるが、それはこうした男性が貶められた性的な対象を求めているからかもしれない。こうした性的な対象によってこそ、その男性は心理的に完全な満足がえられる可能性をみいだしているのである。

本物の心的インポテンツにおいて働いている二つの要因、すなわち幼児期の激しい近親相姦的な固着と、青年期における現実からの拒否が、文明化された男性の性愛生活においてしばしば確認できるこうした振る舞いの原因となっていることは、否定し難いことだと考えられる。これは品位に欠けるし、逆説的な考えであるかもしれないが、本当に自由で幸福な愛情生活を送ろうと思うのであれば、女性への尊敬の念を払いのけて、母親や姉妹との近親相姦という考え方に馴染んでおかなければならないということだけは、指摘しておかねばならない。

この求めに応じて自分の心を吟味してみれば、性行為というものは、たんに身体的にみて不潔で汚れをもたらすものであるだけではなく、根本的に相手を貶めるものであると考えていることに気づくだろう。誰でも、性行為についてこのように低く評価していることを、できれば認めたくないものだろうが、これがどこから生まれたのかを考えてみよう。こうした評価は、青年時代において、官能の流れがすでに大きく成長していながら、この流れを近親相姦的な対象によっても、血の繋がりのない他の対象によっても満足させることを禁じられていたために生まれたものであることは、明らかなのである。

女性の欲求不満

わたしたちの文明世界においては、女性も教育によって同じような影響を受けているだけではなく、男性の側の振る舞いによっても影響を受けることになる。男性が女性に向かってそのすべての性的な能力を発揮しようとしないために女性が不満を感じるのは、男性が愛着の最初のうちは女性を過大評価しておきながら、相手の女性を手に入れた途端に、女性を過小評価し始める時に女性が不満を感じるのと、似たようなものである。

女性の側には、性的な対象を貶めたいと願う欲求はほとんどみられないが、これは女性の側には男性と違って相手を過大評価しようとする傾向が原則として存在しないことと結びついているのはたしかである。ところが女性は少女時代に長い期間にわたって性的な活動を禁じられ、官能の活動は空想の中だけで許されてきたために、女性にはもっと重大な結果が生じることになる。というのも女性は大人になってからも官能的な活動が禁止と結びついている状態を解消することができず、やっとのことで官能活動が始まろうとするときになって、心的なインポテンツ、つまり不感症になってしまうからである。

多くの女性が［結婚して］性的な関係を結ぶことが許された状態になっても、しばらくのあいだは性的な関係の存在を秘密に保とうとするのはそのためである。また秘密の性的な関係において、官能活動の禁止という条件が復活するようになると初めて、正常な性感覚がもてるようになる女性もいる。この場合には女性は、そうした秘密の関係を結んで夫を裏切る一方で、愛人に対しては別の意味で貞節を守るようになるのである。

文明社会における性生活

女性の愛情生活において官能活動が禁止されているという条件がどのような意味をもつかと考えてみれば、それは男性において性的な対象を貶めたいと願うのと同じことを意味しているのだと思われる。どちらも教育において文化的な理由から、人間の性的な成熟と性的な活動のあいだに、長い猶予期間が求められたために生まれたものである。このどちらも、愛情的な流れと官能的な流れが合流しないことによって心的インポテンツが生まれることを、防ごうとしているのである。

原因が同じでも、男性と女性でこのように際立って違う結果が生まれるのは、おそらく男性と女性の振る舞い方の違いによるものであろう。文明社会において女性は通常は、こうした猶予期間のあいだは、性的な活動を禁じる命令に従順に従うために、女性の性的な活動には禁止の命令がしっかりと結びついてしまう。ところが男性はたいていは性的対象を貶めるという条件のもとでこの性的な活動の禁止命令に違反してしまうのであり、そのためにやがて自分の愛情生活のうちにこの条件を持ち込んでしまうのである。

現代の文明社会においては、性生活を改善するための活発な試みがみられるが、精神分析の研究も、他の研究と同じように、このような意図をもって行われるものではないことを指摘しておくのはむだではあるまい。精神分析の研究が目指すのは、外に現れたものの原因が密かに隠されているものにあることを突きとめ、それら相互の関連を明らかにしていくことにある。ただしこうした性生活の改善の試みが、精神分析の研究結果を利用して、より悪しきものをより良きものにするのであれば、それは好ましいことである。しかし制度が別のものになれば、さらに大きな犠牲が生まれるのではないかということについては、精神分析によって予言することはできない。

三

現代の愛情生活の問題点

文明によって愛情生活が制御されることによって、広く一般に性的対象が貶められるようになるという事実に促されて、わたしたちは考察の対象を性的な対象からさまざまな欲動へと転換することにしよう。

若い男女が、青年期に性的な快楽を享受することに失敗したために、結婚によって十分な性的な快楽を享受する機会が与えられたのに、それを満たすことができないという悪しき結果が生まれることがある。ただし最初から性的な活動を自由にさせても、それで良い結果が生まれるというわけでもない。というのも性欲が安易に満たされるようになると、愛の欲求の心理的な価値が急速に下落するのは明らかだからである。リビドーの要求を高めるためには、何らかの障害物のようなものが必要なのである。

人間というものは、性欲を満足させることに対する自然の抵抗が弱い場合には、いつの時代にも因習による抵抗を持ちだすことによって、愛を享受しようとする。これは個人についても民族についてもあてはまる。古代文明の衰退期のように、性愛の要求がすぐに満足させられる時代には、愛は価値のないものとなり、生活は空虚なものとなってしまった。人間にとって不可欠な情動の価値を取り戻すためには、強力な反動形成が必要だったのである。

この文脈においては、キリスト教の禁欲主義的な傾向は、異教の古代においては決して与えられなかったような心的な価値を、愛情に与えたことを指摘できる。愛情の価値が最高になったのは禁欲的な修道士のもとにおいてであって、こうした修道士は毎日をひたすらリビドー的な誘惑との闘いのうちに送ったのである。

これまで述べてきたような困難な問題は、人間の欲動にそなわる一般的な器質的な性格のために発生するのだと考えたくなるのは、ごく自然なことである。また一般的に言って、ある欲動が満たされなければ満たされないほどに、その欲動の心的な価値は高くなるものである。試しにさまざまな種類の人間を集めて、何も食べさせないでおいたとしよう。飢餓感がどうにもならないほど高まれば高まるほど、さまざまな人間のあいだにあった個人差はなくなり、その代わりに満たされることのない欲動だけが同じように外に現れてくるだろう。

欲動の充足と欲動の心的な価値

しかしだからといって、この欲動が満たされれば、その心的な価値も同じように低下すると言えるだろうか。ここで酒飲みとワインとの関係を考えてみよう。ワインは酒飲みに対していつも同じ酩酊の満足を与えるのであって、詩作品などにおいてはこの酩酊の満足は性愛的な満足と比較されることが多かったのであり、学問的にみてもこの比較は正しいのである。

ただしいつも同じ種類のワインを飲んでいると、やがて飽きてきて美味しくなくなるため、酒飲みはいつも自分が飲むワインの種類を変えるなどということは、耳にしたことがない。その反対に同じ酒に馴染むと、酒飲みはその酒にますます固執するようになる。酒飲みが同じワインに飽きてきて、そのワインのもたらす満足度が低くなったために、わざと障害を作るために、酒の値段の高い土地や、酒を飲む楽しみが禁じられている土地に引っ越そうなどと考えることがありうるだろうか。そのようなことは絶対にありえない。［画家のアルノルト・］ベックリンなど[*4]、わたしたちの偉大な飲酒常用者がワインについて語った言葉に耳を傾けてみても、こうした酒飲みとワインの関係は純粋な調和そのものであって、幸福な夫婦関係にたとえられるかのようである。それなのに男性は自らの性的な対象に対して、なぜこれほどに異なった姿勢を示すのだろうか。

性的な欲動の特質

奇妙に思われるかもしれないが、性的な欲動の本性には、それが完全に満足されることを阻止しようとするようなものが含まれているのではないかと疑うべきではないだろうか。性的な欲動の発展の長く困難な歴史を考察してみれば、このような不可解な困難を作りだしたと考えられる二つの契機をすぐにみいだすことができる。

第一に人間は対象選択を二度に分けて行うが、その間に近親相姦のタブーが介在しているために、最終的な性的欲動の対象は最初の対象と同じものではなく、その代用物にすぎなくなる。そして精神分析的な考察によってわたしたちは次のことを学んだのである。すなわちある願望の動きが向けられた最初の対象が抑圧されて姿を消すと、その代用物となる一連の対象が数限りなく現れるが、そのどれも完全な満足を与えてくれるものはない。成人の愛情生活においては、対象選択における気まぐれがよくみられるが（これは「刺激飢餓」と呼ばれている）、この現象はこれによって説明できるのではないだろうか。

第二にわたしたちは、性的な欲動が最初は多数の部分に分かれて構成されていることと、あるいはむしろこうしたさまざまな部分が集まって生まれたものであることを知っているが、これらの部分的な欲動のすべてが、後の性的な欲動の中に取り入れられるのではなく、欲動の一部はあらかじめ抑圧されたり、あるいは別の用途で利用されたりしなければならなかったのである。

おそらく人間が直立歩行して、嗅覚器官を地上から離れた場所に移してからというもの、人間の持つ糞便愛的な欲動の部分が、わたしたちの美的な文化にはふさわしくないものとされたのではないだろうか。さらに愛情生活の一部を構成しているサディズム的な欲動部分の多くも、そのようなものとみなされたのではないだろうか。ただし発展におけるこのようなプロセスは、性愛的な興奮を作りだす欲動の複雑な構造の表層にしか関わらないのであって、土台の部分は依然として昔のままなのである。

排泄物は、性的なものとあまりにも密接で不可分な関係を結んでいる。性器の位置は、「尿と糞便のあいだ」と言われるように、この問題を決定する不変の要因である。

ここでわたしたちはナポレオンの「『政治とは運命である』という」有名な言葉を借りて「解剖学とは運命である」と言ってもよいだろう。人間の姿は美しく発達したが、性器はそのような美しい発達を遂げなかった。性器だけは動物時代そのままであり、それと同じように性愛も根本的にはかつてと同じように動物的なままなのである。性的な欲動は訓練することができず、その訓練もあるいは過剰になったり、あるいは不足しすぎたりする。文化が性的な欲動から作りだそうとしているものは、性的な快感を著しく損ねることなしには実現できないもののようである。そして長いあいだ欲動が満たされないと、性的な行動において満足がえられなくなる。

不吉な予言と昇華

こうしてみると性的欲動の要求と文化一般の要求を調停することはできず、文化が発達したことによって人間は満足をあきらめて苦しむようになることは避けられないのではないだろうか、そしてはるか遠い将来においては人類が滅亡する危険も避けられないのではないかと、考えざるをえないのである。

ただしこのような不吉な予言の基礎となっているのは、文化が発達したために生まれた不満は、文化の圧力のために性的な欲動が受け入れざるをえなかったいくつかの特殊な事情から必然的に生まれるものであるというただ一つの推論である。しかし性的な欲動が文化の基本的な要求に屈服したために、もはや完全な満足を得ることができなくなったということそのものが、きわめて偉大な文化的な業績を実現するための源泉となっているのである。というのも文化的な業績は性欲動の成分が昇華することによって生まれるものだからである。性欲動を何らかの形で分割しながら完全な満足を享受できるのであれば、人間はそもそもこのような性欲動の力を「文化などの」別の用途で使用しようとすることを考えたであろうか。そのような満足が享受できるのであれば、性欲動はそのような満足を手放そうとはせず、もはやいかなる進歩も見られなかっただろう。人間の性欲動と利己的な欲動の二つの欲動の要求のあいだには、調停することのできない違いがあるからこそ、人間の性欲動が別の用途で使われて、文化的な業績を実現できるようになったのである。ただしその背後には絶えざる危険が存在しており、現在では弱い人々は神経症を発病するという危険に、たえずさらされているのである。

科学は人間を驚かそうとしているわけでも、慰めようとしているわけでもない。しかしわたしとしては、これまで述べてきたような思い切った推論は、もっと広い土台の上で展開されるべきであり、おそらく人類の発達の別の経路においては、ここで個別に論じたような帰結が生じないように調整できるのではないかと考えているのである。

原注

＊1　M・シュタイナー「男性の性器機能の不全とその治療」（一九〇七年）、W・シュテーケル『神経症的な不安状態とその治療』（ウィーン、一九〇八年、第二版、一九一二年）、フェレンツィ「男性における心理的な性的インポテンツの分析的な解釈と治療」（『精神医学・神経学週報』一九〇八年）。

＊2　W・シュテーケルの前掲書、一九一ページ以下参照。

＊3　ただし女性の不感症は複雑な症状であって、別の観点からも考察する必要がある。

＊4　G・フレルケ『ベックリンとの一〇年間』第二版、一九〇二年、一六ページ。

処女性のタブー――「愛情生活の心理学」への寄与（三）（一九一八年）

処女性の意味

未開社会の性生活の特徴のうちでも、女性の純潔を示す処女性についての評価の違いほど、わたしたちに奇妙な感じを抱かせるものはない。わたしたちにとっては求婚する男性が、相手の女性の処女性をとくに高く評価するのは自明なことと思われるので、こうした判断を改めて根拠づけなければならない理由を探すとなると、いささか困惑するのである。未婚の娘が男性と結婚生活に入るにあたっては、他の男性との性生活の思い出を持ち込んではならないとされているが、この要求は、妻を独占的に所有するということの論理的な帰結であって、一夫一婦制の本質そのものであり、男性が一人の女性を独占的に所有する権利を、過去に遡らせようとするものにほかならない。

このような処女性の尊重は、たんなる偏見にすぎないと思われるかもしれないが、女性の性愛生活を詳しく調べてみれば、根拠のあるものであることがすぐに明らかになる。男性は女性と結婚することによって、若い女性が苦心して長らく抑えつけてきた愛への憧れを初めて満足させることになる。そしてその際に男性は、これまで環境や教育の力によって女性の心の中に構築されていたさまざまな抵抗を克服することによって、妻となる女性とのあいだに、永続的な関係を結ぶことになる。

それとともに夫は、ほかのいかなる女性とも、このような永続的な関係を結ぶことができなくなる。またこれによって女性はある種の隷属状態に置かれるようになるのであり、この隷属状態によって夫は、誰にも妨げられずに妻を所有しつづけることが保証され、妻もまた新しい印象や他人の誘惑に対して、抵抗できるようになるのである。

女性の性的な隷属

一八九二年に［オーストリアの精神医学者の］フォン・クラフト・エービング[*1]は「性的な隷属」という言葉によって、ある人間が性的な交渉を行った相手に異常なまでに依存してしまい、自主性を失うという事実を表現した。この隷属は時として、その人間の自発的な意志をまったく放棄させてしまい、自分の利益をすべて犠牲にすることを甘受するほどに極端なものとなることがある。そしてフォン・クラフト・エービングはこの種の依存関係が「結びつきをある程度まで維持させるには、ぜひとも必要なものである」と、書き添えるのを忘れなかった。実際にこの種の性的な隷属は、文化的な結婚生活を維持し、現代の結婚生活を脅かすにいたっている一夫多妻的な動きを阻止するためには不可欠なものである。わたしたちの社会共同体はつねに、こうした要因を考慮に入れてきたのである。

フォン・クラフト・エービングは、こうした性的な隷属が生まれるのは、「異常なまでの愛着の強さと性格の弱さ」が無制限の利己主義と結びつくためだと考えた。しかし精神分析における経験から考えて、このような簡単な説明ではとうてい満足することができない。これについてはむしろ、性的な隷属が発生する決定的な要因は、最初は強かった性的な抵抗がやがて打ち破られることにあると思われる。さらに性的な抵抗を克服する過程が、一回限りでしかも集中的に行われることが、それを促進するのではないだろうか。そのため性的な隷属という現象は、男性よりも女性に多くみられるのであり、しかも女性においてははるかに強烈なものとなっている。

ただし現在では男性における性的な隷属も、過去よりも珍しくなくなっている。こうした男性における性的な隷属について調べてみると、それは特定の女性によって男性の心的インポテンツが克服されたことによって生まれたものであることが明らかになる。そのために男性は相手の女性に強く結びつけられてしまうのである。よくみられる風変わりな結婚や、重大な結末をもたらす悲劇的な運命の多くは、これによって説明できるようである。

未開民族の破瓜《はか》の風習の実例

こうした［処女性の尊重の］議論に反論するために、未開の民族は処女性をそれほど高く評価していない、その証拠として結婚とは無関係に、夫婦のあいだで最初に性的な交渉が行われる前から、彼らは娘を破瓜《はか》させると指摘することもできるだろうが、それはこれから述べようとする未開人の態度を正しく記述するものではない。未開人にとっても破瓜ということは重大な事件であって、宗教的とみられる禁止の対象となり、ある種のタブーとなっているのである。彼らの慣習によると破瓜すべき人物は花婿、すなわちいずれ夫となる人物ではないのであって、花婿は娘の破瓜を実行してはならないとされているのである。[*2]

わたしはこのような禁止の風習が存続していることを証拠立てる文献を網羅的に示すつもりはないし、こうした風習の地理的な分布を調べたり、そのすべての形式を明らかにしようとするつもりもない。わたしはただ、現在でも生存している未開民族のうちで、結婚の前に処女膜を取り除くという行為が、結婚とは無関係に、それもかなり広く行われていることを確認しておきたいだけである。［イギリスの文化人類学者のアーネスト・］クローリーは「結婚式の中心的な儀礼は、夫ではない指命された人物が、娘の処女膜に穴を開ける行為である。これは文化段階の低い地域、とくにオーストラリアではごく普通に行われている」と指摘している。[*3]

破瓜という行為が夫婦間の最初の性的な交渉の際に行われるのでないとすれば、それは前もって何らかの方法で、誰かの手によって行われているはずである。クローリーの前掲の書物からこれについて説明しているところをいくつか引用してみたいが、これらについては批判を加えるべきであろう。

「オーストラリアのディエリ族とその近くに住む種族の一般風習として、娘が思春期を迎えると処女膜を破ってしまう」。「ポートランド族あるいはグレネルグ族にあっては、処女膜を破るこの作業は老婆が行うが、白人の男性にこれを依頼することもある」（一九一ページ）。

「処女膜を人為的に破る作業は幼年期に行われることもあるが、普通は思春期に行われる……。これはオーストラリアにみられるように、公的な儀式的性交と同時に行われることが多い」（三〇七ページ）。

（外婚についての制限が行われていることで有名なオーストラリアの諸種族についてのスペンサーとジレンの報告）「処女膜は人為的に破られる。この作業に出席していた男性たちは、定められた順序に従って娘と性交する（ただし儀礼的に）。……この儀式の全体は、処女膜に穴を開ける作業と、それに続く性交という二幕で構成されている」（三四八ページ）。

「（赤道アフリカの）マサイ族では、この作業は結婚の最も重要な準備作業の一つである」。「サカイ族（マレー）、バッタ族（スマトラ）、アルフォエル族（セレベス）では、この作業は花嫁の父親によって行われる」。「フィリピンでは子供の頃にすでにその任務を任された老婆の手によって処女膜が破られていることが多いが、そうでない場合には花嫁の破瓜を仕事として引き受けている男性によって、処女膜が破られる」。「エスキモーの一部では、アンゲコック、すなわち司祭が花嫁の破瓜を引き受けていた」(三四九ページ)。

破瓜についての記述の欠陥

ここで示した引用文からは、次の二点を確認できる。第一に残念なことに、これらの記述では性交せずに処女膜だけを破る作業と、処女膜を破壊するために性交する作業とが区別されていない。このプロセスが二幕の行為に明確に分離されているのはただ一つの例だけで、この記述では手や道具による破瓜の作業と、その後で行われる性交という行為が明確に分けて記述されている。

一般にかなり豊富な資料を提供してくれているバルテルス/プロースの著作も、ここでの考察にはあまり役立たない。というのもこの著作では、破瓜の作業の解剖学的な結果が重視されていて、その心理学的な重要性はほとんど顧みられていないからである。

第二にわたしたちが知りたいことは、このような行事に際して行われる「儀礼的な」性交、すなわち純粋に形式的で儀式的で公式的な性交と、通常の性交とのあいだにはどのような違いがあるかということである。わたしが注目した著者たちは、この問題について触れるのを憚《はばか》っていたか、あるいはこのような性的な行為の微細な細部のもつ心理学的な意味を過小評価してしまったようである。これらの研究においてももともとの資料を提供していたはずの旅行者や宣教師などの報告書では、もっと詳細で明確な事実が伝えられていたのではないだろうか。しかしこうした報告書はその多くが外国の文献で、現在では入手しにくいために、これを確認することはできない。いずれにしてもこの第二の疑問については、かつては本来の意味での性交が行われていたが、やがてはこれに代わって、あるいはその代用物として儀式的な見せかけの性交が行われるようになったのではないかということを指摘しておけば十分であろう。*4

処女性のタブーについて――流血への恐れ

処女性のタブーを説明するにはさまざまな要因を考慮に入れることができるのであり、これらについてここで簡単に考察してみよう。処女膜が破られると、血が流れることが多い。処女性のタブーを説明する第一の方法は、未開人は血液を生命の座とみなしていたので、流血を恐れていたと説明することである。この流血のタブーは、性とはまったく関係のないさまざまな掟のうちにはっきりと示されている。このタブーは、人を殺してはならないという掟と明らかに関連したものであり、原始人の血を求める欲望、すなわち人を殺したいという欲望を防ぐための防壁のような役割を果たしている。

この説明においては処女性のタブーは月経のタブーと関係づけられている（月経のタブーはほぼ例外なしに守られていた）。未開人は、毎月のように血が流れるということの不可解な現象を、［殺人という］サディズム的な観念と結びつけざるをえないのである。彼らは月経、特に初潮を、その人の精霊となっている動物に嚙みつかれた証拠であるとか、この動物と性交したしるしであるとか解釈する。ある報告からこの精霊は祖先の霊の一つとみなされていたと考えられる。そうだとするとわたしたちは別の見解も参照しながら、[*5] 月経中の娘がタブーとなる理由を理解することができる。月経中の娘は祖先の霊が所有するものであるから、それに触れてはならないとされるのである。

しかし別の側面からは、流血への恐れのような要因を過大に評価してはならないという戒めが示されている。というのも未開人は流血を恐れるにもかかわらず、男児の割礼や、女児のさらに残酷な割礼（陰核や小陰唇の切除）のような儀礼や流血を伴うその他の儀礼が行われているからである。それでも最初の性交の際に夫のために流血への恐れがあらかじめ取り除かれていたというのは、別に驚くべきほどのことではない。

処女性のタブーについて——初物に対する不安

第二の説明も、最初の説明と同じように、性の問題に注目するよりもさらに広く一般的な事柄に着目するものである。それによると、未開人たちは、彼らを襲う機会をつねに狙っている不安に苛《さいな》まれているのだという。これは精神分析において神経症の患者たちが不安神経症に絶えず襲われていると主張されているのと同じようなものである。

こうした不安は、通常のあり方から逸脱するあらゆる機会に、その人を襲うのであって、たとえば何か新しいことが起きたり、予想していないことが起きたり、理解できないことが起きたり、不気味なことが起きたりした場合などに、その人は不安になるのである。後になって広く宗教に取り入れられたさまざまな儀礼もまた、原始人の心がつねに不安に襲われていたために採用されたものである。たとえば新しい仕事を始めるとき、さまざまな節目のとき、人間や動物の初めての出産のとき、初めての収穫のときなどの儀礼がそうである。自分が危険にさらされているという不安に怯えている人にとっては、危険というものはそれを予測しているときよりも、初めてその危険な状況に置かれたときのほうが、はるかに恐ろしく感じるものである。それだけにこうした状況に置かれないように防御するというのは、理に適ったことなのである。

結婚生活における最初の性交も、その重要性を考えてみれば、十分に用心すべきものである。ここで述べた二つの説明、すなわち流血への恐れによる説明と、初物に対する不安による説明は対立するものではなく、むしろたがいに強め合うような性格のものである。最初の性交では血が流れるだけに、それはますます恐れるべき行為となる。

処女性のタブーについて――女性そのものへの恐れ

第三の説明は処女性のタブーが、性生活を含むもっと広い関連に属するものであることを指摘しようとするものであり、クローリーもこの説に加担している。それによると女性との最初の性交がタブーであるだけではなく、そもそも性交というものがタブーとみなされているのである。むしろ女性そのものがタブーなのだと言うべきであろう。

女性には、女性なりの性的な特質から生まれる状況があって、月経や妊娠や分娩や産褥などのためにタブーになるだけではなく、女性との交渉には非常に多数の重大な制約が加えられている。そもそも未開社会の人々は性的には自由に振る舞っていると言われるが、そうした意見が正しいものであるかどうか、大いに疑わしいのである。特定のきっかけを与えられれば、未開社会の人々の性的な活動が、あらゆる障害を乗り越えてしまうものであるというのは正しいだろう。しかし通常は未開社会の人々の性的な活動は、さまざまな禁止命令によって、より高度の文化段階にある人々の性的な活動よりもはるかに強く制約されているようである。何か特別なこと、すなわち探検や狩猟や戦争などを企てているときには、男性は女性を近づけてはならないし、とくに女性と交わってはならない。この禁止命令を破ると男性の力は麻痺してしまい、その企ては失敗に終わるだろう。

日常生活においても、男性と女性を隔てておこうとする努力がはっきりと見分けられる。女性は女性で集まって、男性は男性で集まって生活するのである。多くの未開社会では、わたしたちの社会でみられるような家族生活はみられないという。男性と女性の隔離が極端にまで進むと、男性は女性の個人名を口にしてはならず、女性は男性の個人名を口にしてはならないとまで定められる。そして女性は、女性専用の語彙を作りだすこともある。もちろんこの男性と女性の隔離の壁は、性欲の力によって、何度でも乗り越えられる。しかし多くの種族では、家の外や秘密の場所などでなければ、夫婦は一緒にいることすら許されないのである。

未開社会の人々が何らかのタブーを設けるのは、そこに危険があると考えたからである。すでに述べてきたような忌避の規定が定められていることは、女性に対する根源的な恐れの存在を示すものである。おそらくこの恐れは、女性が男性とは違った存在であり、男性にとって永遠に理解できず、神秘的で、異質で、それゆえ男性に対して敵意をもつ存在であると感じられたためであろう。男性は女性のために自分が弱くなり、女らしさが感染して、やがては使い物にならなくなるのではないかと、恐れるのである。

あるいは性交の後で男性の力が緩み、緊張がほぐれることが、男性にそのような不安を抱かせるのかもしれない。そして女性が性交によって男性に及ぼす影響が認識されるとともに、こうした影響のために男性は自然と女性に顧慮するようになるという事実を考慮にいれて、こうした不安が広まるのかもしれない。こうしたことはすべて古臭いものと思われるかもしれないが、そのようなことはない。これはわたしたちのうちでも今なお生き続けているものなのである。

現代において生活している未開人を観測した人たちは、性的な活動を求める欲望はかなり弱く、わたしたち文明人のうちで見慣れているような激しさに達することはほとんどないと語ることが多い。ただしこれに反対する人々もいる。いずれにしてもこれまで述べてきたようなタブーの慣習をみれば、女性を不可解で敵意をもつ存在として拒否しながら、性愛に抵抗しようとする力が存在するのは確かなようである。

クローリーは、精神分析の用語とほとんど区別し難いような「個人的な孤立のタブー」というものの存在を想定している。そしてこのタブーのために個人は他人から孤立してしまって、類似したところが非常に多いにもかかわらずごくわずかな違いのために、彼らの間でよそよそしさと敵意が生まれていると指摘している。

わたしたちもこの考えに従って「わずかな違いに固執するナルシシズム」とでも呼ぶべきものがあって、これがすべての人間関係における連帯感情に打ち勝って、人間相互のあいだにおける敵意を生みだしていて、それが人間愛という掟を虚しいものにしてしまったと考えたいところである。男性が女性を排斥する姿勢の背後には、男性のナルシシズムと強い女性蔑視が潜んでいるのであって、精神分析は、去勢コンプレックスと、このコンプレックスが女性の評価に及ぼす影響を考察することによって、こうした姿勢を生みだす原因の多くを明らかにしてきたのである。

ところでこのように考察していくと、わたしたちは本来のテーマからすっかり外れてしまっていることに気づく。女性に対する一般的なタブーを考察してみたところで、処女の娘との最初の性交について定められている掟についてはまったく解明されるところがないのである。そこでこれについては流血への恐れと初物への恐れという最初の二つの説明に頼らざるをえないのであるが、それでもこうした説明によっては、問題となっているタブーの掟の核心をつくことはできない。この掟の根拠となっているのは、最初の性交と切り離すことのできないあるものを、夫となる男性には与えないようにする、すなわち夫となる男性がそれを受け取らないで済むようにするという意図があるのは、たしかなことである。最初に述べておいたようにこの最初の性交によって、女性とその男性とのあいだに特別な結びつきが生まれるにもかかわらずである。

この論文で目指しているのは、タブーの掟の由来とその究極的な意味を明らかにすることではない。それはすでに『トーテムとタブー』で行ってきたことであり、わたしはこの書物においてタブーのもつ根源的な両義性の条件を明らかにした。そしてやがては家族を作りだすことになる古代のさまざまな事件からタブーが生まれていることを考察してきたのである。しかし現在において観察される未開社会の人々のタブーという慣習には、もはやそのような前兆は含まれていない。「だからといって現在観察されるタブーの慣習が、原始時代のタブーの慣習とまったく異質なものと考えるのも誤りであろう。」現代において生きているどれほど未開な人種でも、原始時代の文化からは遠く離れたものであり、時間的にはわたしたちの文化と同じように、はるか後期の発展段階に文化を生きていることを、わたしたちは忘れがちなのである。たとえ彼らはわたしたちとは異なる段階をたどってきたのだとしてもである。

タブーと危険

今日の未開社会の人々は、タブーをすでに精密なシステムにまで作り上げているのであり、これは神経症患者が恐怖症を一つの精密なシステムにまで作り上げているのと同じである。かつてあった古い動機は、調和のとれた新しい動機に置き換えられてしまっているのである。そこでわたしたちはタブーの発生の問題は簡略に考察するにとどめて、未開社会の人々がタブーを定めるのは、そこに何らかの危険が感じられるからであるという見解に戻ることにしよう。

この危険というのは、一般的に言って心的な危険である。というのも未開社会の人々はわたしたちには不可避なものと思われる二つの危険の区別をしないからである。彼らは物質的な危険と心理的な危険を区別せず、現実の危険と空想による危険を区別しない。これらの人々の首尾一貫したアニミズム的な世界観によると、あらゆる危険は、それが自然の力によるものであるか、他人や動物からやってくる危険であるかにかかわらず、いずれも自分と同じような魂をもった存在の敵意によって生まれるのだと考えられている。

その反対に彼らは、自分の心の中で蠢いている敵意を外界に投射する。そして自分が気に入らないと感じた対象や、たんになじみがないと感じただけの対象にも、自分の敵意を投射しておいて、さらに逆にその対象が自分に対して敵意をもっていると感じるのである。そして女性もまたこのような危険の源泉とみなされているのであり、とくに女性との最初の性交が、危険なものとみなされているのである。

性交の後の男性への女性の敵意

ところで、現代の文化段階に生きている女性が、同じ状況においてどのように振舞うかを詳細に研究してみるならば、どのような状況において危険が大きくなるのか、これから夫となる人物は、なぜそのような危険によって脅かされるのかという問題を解決する手がかりがえられるはずである。この考察の結論としてあらかじめ、このような危険が実際に存在するからこそ、未開社会の人々は処女性のタブーを設け、それによってたとえ心理的な危険であるにせよ、この現実的なものと考えられた危険から身を守ろうとしているのであることを指摘しておくべきだろう。

女性が性交の後で満足のあまり、男性をしっかりと抱きしめようとするのはごく当然なことであると思われる。そしてこの抱擁は女性の感謝の表現であり、女性がその男性に永続的に隷属することを承諾したことの表現であるとみなすことができる。ただし最初の性交によって女性はつねにこのように振る舞うとは限らない。女性が最初の性交の後で幻滅を感じることはきわめて多いのである。この場合には女性はいかなる快感も覚えておらず、不満なままである。女性の側も性交によって十分な満足をえることができるようになるには、かなりの月日と頻繁な性交の反復が必要なのである。

その場合には女性が初期のうちだけ不感症になるにとどまるか、あるいは夫がどれほど愛情を込めて努力しても治らないような永続的な不感症という思わしくない結果にいたるまで、さまざまなあり方が考えられる。女性のこうした不感症についてはまだ十分に研究されていないし、男性の精力不足のために発生する場合を除いて、これから解明されることが求められる。そしてこうした不感症については、それに類似した現象を研究することによって解明することができよう。

女性の不感症の原因

女性が最初の性行為を嫌って逃げだそうとすることはよくみられることであるが、ここでは考察しないことにしよう。というのもこうした試みはさまざまに解釈できるものであるし、女性はそもそもこうした防御的な姿勢をとる傾向があり、これもその一例にすぎないと考えることもできるからである。

これに対してある種の病的な事例は、女性の不感症という謎を解決するための手がかりになるものと思われる。たとえば最初の性交の後で、あるいは性交するたびに、女性が相手の男性を罵倒したり、男性を殴ろうとしたり、実際に殴って男性への敵意をむきだしにするような症例が確認されている。

実際に確認されたこのような顕著な症例を詳細に分析することによって、次のようなことが明らかになった。ある夫人は夫を熱愛していて、自分のほうから性交を要求し、性交に明らかに十分に満足していた。それでいて彼女は性交の後に、夫に敵意を表明するのである。このような奇妙で矛盾した反応には、通常は不感症として現れるものと同じ欲動の動きが働いていると考えることができる。この欲動は、愛情的な反応を示すことを抑止しておきながら、そのような欲動の動きが働いていることを覆い隠すことができるものである。

一般にかなり頻繁に発生する不感症においては協力して働いていて、抑止作用と一体になっている要因が、この病的な事例ではいわば二つの成分に分解されているのである。これは強迫神経症でいわゆる「二期的」な症状として早くから知られているものに、きわめて類似したものである。女性の破瓜によって生まれる危険とは、このような女性の敵意を男性が自分に引き受けるということを意味する。夫になろうとする男性がこのような敵意を正面から引き受けることを免れようとするのは、当然なことであろう。

このような女性の逆説的な態度がどのような欲動によって生まれたものであるかは、精神分析によってたやすく理解することができるのであり、わたしはこれが不感症を解明するにも役立つと考えている。初めての性交によって生みだされる一連の欲動は、望ましい女性らしさを作りだすにはまったく役立たないものであり、その後の性交において反復される必要のない欲動も多いのである。こうした欲動としてまず考えられるのは、若い娘が処女を失うときに感じる痛みをあげることができるが、わたしたちはこうした痛みをあまりにも決定的なものと考えてしまって、その他の要因を探りだそうとしないことが多い。この痛みという要因だけに特別な意味を与えてはならない。むしろこうした痛みよりも女性のナルシシズム的な傷を考慮すべきではないだろうか。こうしたナルシシズム的な傷は、身体のある器官が毀損されたために生まれるものであり、処女を失ったために自分の性的な価値が下落したという意識によって、それが合理化されるのである。

未開社会における結婚慣習は、処女性に対するこのような過大評価への警告を含むものである。未開人の結婚儀礼は多くの場合、二回に分けて行われることが報告されている。最初に手または道具を使って処女膜に穴を開け、次に公式の性交として、夫の代理人との演技的な性交が行われるのである。これは次のことを証明している。すなわち「夫との性交において」解剖学的な意味での破瓜が行われないことを求めるタブーの禁止の意図が満たされない場合に、妻がこのような苦痛を伴う身体への毀損に示す反応とは別のものを夫に経験させることがないようにすることを目指しているのである。

初めての性交が女性を幻滅させる原因としては、これまで述べてきたもののほかに、文化的な状態にある女性にとって、期待するものと現実との不一致をあげることができよう。結婚するまでは女性は、性的な交渉を避けよという掟を信じ込んでいた。そのため合法的で許された性交であっても、女性はそれを本物の性交であるとは感じられないのである。性交とそれを禁じる掟がどれほど緊密に結びついていたかを示すのは、初夜の後で多くの花嫁が自分たちの新しい性的な関係を、他人だけではなく両親にまで隠そうとするほとんど滑稽な態度である。そのように隠す必要は実際にないし、誰もそれを咎めるはずはないにもかかわらずである。

娘たちは他人に知られると、自分の愛情の価値が低くなってしまうと主張することが多い。場合によってはこの動機が圧倒的なものとなって、夫婦の性愛生活そのものの発展が妨げられることもある。そして妻は、人目をはばかる愛人関係において初めて、自分にも愛情の豊かな感受性があることに気づくものである。このような愛人関係においてのみ女性は、自分の意志がいかなる干渉も受けていないことを自信を持って確信できるからである。

幼児期のリビドーの持続

しかしこの動機も分析を深める上ではそれほど役立たない。さらにこの動機は高度の文化的な条件に結びついたものであるから、未開社会の風習にそのまま関係づけることはできない。それよりもリビドーの発達史に基づいた次の要因のほうが、はるかに有意義なのである。これまでの分析の努力によって、幼児期のリビドーの発動がどれほど規則的で強力なものであるかは明らかにされてきた。重要な意味を持つのはその人が幼児期からずっと持ちつづけている性的な願望である。これは女性の場合には父親へのリビドーの固着、あるいは父親に代わる役割を果たす兄弟へのリビドーの固着であることが多い。

こうした願望は性的な行為ではないものに向けられていることがきわめて多く、性交が考えられているとしても、漠然とした目標としてそこに含まれているにすぎない。この場合には夫というものは代理の人物にすぎず、本来の欲望の対象ではない。そうなると、女性に第一に愛してもらうのは夫ではなく、多くの場合には父親であり、夫はせいぜいのところ二の次にすぎないのである。この代理の人物である夫が、不満足なものとして拒否されるかどうかは、幼児期のリビドーの固着の激しさによって、また女性がこのリビドーをどれほどしっかりと抱え込んでいるかによって決まる。このようにして不感症になるかどうかは、その女性の神経症の発生の歴史的な条件によって決まるのである。

女性の性愛生活において、心理的な要素が強ければ強いほど、最初の性的な行為がもたらした衝撃に、その女性のリビドー配分が手強く抵抗し、男性が女性を肉体的に征服したとしても、それは大きな効果を発揮しないのである。そして不感症は神経症的な抑止として働きつづけるか、別の神経症を発生させる素地となる。さらに男性の性的な能力が低下した場合に、その程度が大きくなると、こうした状況が発生しやすくなることも考慮に入れるべきである。

未開社会の慣習では、娘の処女膜を破る作業は、最年長の人物や司祭や神聖な人物に委ねるが、これは父親の代理人であって、このことは幼児期の性的願望を満たそうとする動機にふさわしいものである。中世の領主の初夜権はよく議論される問題であるが、これはこの儀式の延長線上で考えることができる。A・J・シュトルファーも同じように考えているが[*6]、彼はさらに議論を進めて、それ以前にC・G・ユングがすでに指摘したように[*7]、「トビアス婚」という古くからの慣習は、家父長の特権を承認したものと主張している。このトビアス婚とは、新婚の夫婦が最初の三日間は性的な交わりを持たないようにするという風習である。

そして娘の破瓜を委ねるべき父親の代理人のうちに、神を含めることができるのであれば、それはわたしたちの期待にかなうものである。インドの一部の地方では新婚の妻は木製の男根で自分の処女膜を破らなければならなかった。またアウグスティヌスの報告によると（当時の？）ローマ人の結婚儀礼でも、いくらか弱められた形で同じようなことが行われていた。すなわち新婚の妻はプリアポスの巨大な石の男根の上に座らなければならなかったのである。*8

ペニス羨望という動機

これよりももっと深い層で、別の動機が働いている。この動機こそが男性に対する女性の矛盾した反応を引き起こしている主要な原因であって、わたしはその影響が女性の不感症にも現れていると考えている。

結婚初夜の性交によって女性のうちには、すでに述べたのとは異なる古くからの欲動が動き始めるのであって、この欲動は女性の機能や役割とはまったく矛盾したものである。

多数の神経症の女性患者を分析することによって、これらの女性が幼児期を通じて、自分の兄弟たちにそなわった男性らしさを示するし［ペニス］を妬んでいたこと、自分にはこのペニスが欠けているために（あるいはそれが小さすぎるために）、軽んじられ、軽蔑されていると感じていたことが明らかになっている。このような「ペニス羨望」は「去勢コンプレックス」の一つと考えられる。もしも「男性的」という言葉によって、「男性になりたい願望」を意味するのであれば、このような態度を「男性的な抗議」と呼んでもさしつかえないだろう。この名称は、この要素こそが神経症一般の主な発生原因であると主張したアルフレート・アドラーがつけたものである。

この幼少期において女性は、自分の感じている妬みと、その妬みから生まれた優遇されている兄弟に対する敵愾心を隠そうとしないことがある。この時期に少女は、うわべだけでも、自分が兄弟と同じような権利を持っていることを誇示するために、兄弟のように立ったままで小便しようとしたりすることもある。夫を愛しているのに、性交の後で夫にひどく乱暴する女性についての症例をすでに説明したが、この女性については、対象選択の前の時期に、このような反抗的な時期を過ごしていたことが確認できた。この時期を経過することで初めて少女のリビドーは父親に向かい、そしてペニスではなく子供を欲しがるようになるのである。[*9]

ペニス羨望と男性への敵意

ほかの事例においてこれらの欲動の活動時期が逆になっていて、対象選択が行われた後で初めて去勢コンプレックスが働き始めるようなことがあっても不思議ではない。ただしペニスを持っている少年を妬むという女性の男性的な時期は、発生史的にみるかぎり古い段階であり、対象への愛情よりも古くから存在しているナルシシズムに近いものである。

しばらく前にわたしは偶然の機会で、結婚したばかりの女性の夢を分析したことがある。この夢は処女膜の喪失に対する反応であることは明らかであり、夫のペニスを切り取ってそれを自分の身体につけたいという願望を、ごく自然に語っていた。たしかにこの夢をもっと手軽に、夫との性交の時間をもっと長引かせ、それを反復させたいという願望が表現されたものとして解釈することもできないわけではないが、この夢の細部にはもっと別な要素が含まれていた。分析した相手の女性の性格と、その後の振る舞いをみるかぎり、この夢をさらに慎重に分析する必要があるのは明らかであった。

いずれにしてもこのようなペニス羨望の背後には、男性に対する女性の敵意に満ちた憤慨心が潜んでいるのである。この憤慨心は男女両性の関係において、決して見誤ることのできないものであって、「解放された女性たち」の活動やその文学作品に、その証拠がはっきりと示されている。

フェレンツィは古生物学的な思弁によって、このような男性に対する女性の敵愾心は、男性と女性が分化した時期に生まれたと主張しているが、ほかにもこのように主張している人がいるかもしれない。それによると最初は二つの同種の個体の間で性交が行われたのであるが、やがて片方の個体が別の個体よりも強くなり、弱くなった方の個体に性的な結合に耐えることを強制するようになった。このような屈従に対する憤慨心が、現在でも女性の素質に残っているというのである。このような思弁的な考察も、過大評価することを避けさえすれば、別に異議を申し立てるべきようなものではないと思われる。

現代にかける処女性のタブー

このように処女膜の喪失に対する女性の矛盾した反応は、現在に至るまで不感症のうちにその痕跡を残しているのであり、こうした反応の動機を順に考察してみるならば、次のように要約することができるであろう。すなわち女性の未完成な性的な欲望が、その女性に最初に性交を教えた男性に向かって炸裂するのである。このように考えれば、処女性のタブーは十分に目的にかなったものであると思われてくる。すなわちこのタブーは、これから永続的に女性と共同生活を送ろうとする男性に対して、すでに述べたような危険に遭遇しなくてもすむようにすることを目的としたものだったのである。

文化段階が進むにつれて、この危険は女性の隷属の約束ほども重要なものではなくなっているし、もっと別の動機や誘惑が現れたので、背景に退いたというのもたしかである。相手の女性が「処女である」ということは男性にとっては、一つの宝物のようなものであって、男性はこれを諦めることができない。しかし結婚生活を妨げるさまざまな要因を分析してみれば、処女膜を喪失した女性に、そのことに復讐しようと企てさせる多様な契機が、現在の文化段階に生きている女性の心的な生活の中にも、その残滓をとどめていることが明らかになる。最初の結婚生活では不感症で不幸だった女性も、この結婚生活を終えて第二の結婚生活に入ると、二番目の夫に対しては情愛深く振る舞い、夫に幸福感を味わわせることが非常に多い。それは古くからの反応が、最初の対象においてすでに消尽してしまったからなのである。

しかし処女性のタブーはそれ以外の点でも、現代の文化社会において完全に消滅してしまったわけではない。民衆はその魂のうちでこのことを知っているし、作家たちも時折この素材を利用してきた。アンツェングルーバーはある作品において、純朴な農民の若者が婚約しておきながら、「娘は最初の夫を殺すものである」ということを聞いて、婚約を破棄した話を喜劇として描いている。ただしその若者はこの娘が他の男性と結婚することには同意しておいて、その夫が死んだ後でこの娘と結婚するつもりだったという。二度目の結婚であれば危険はないからである。この「処女毒」という戯曲の題名は、蛇使いが最初は毒蛇に布切れを噛ませておいて、それによってその後では危険なく毒蛇を扱うという話を思い出させる。[*10]

処女性のタブーとその動機の一部は、ヘッベルの執筆した有名な悲劇作品「ユーディット」においても力強く描写されている。ユーディットは処女性のタブーによって、その処女が保護されているという類型の女性として描かれている。最初の夫は新婚の夜に奇妙な恐怖に襲われて身体が萎えてしまって、その後は二度と彼女に触れようとしなかった。彼女は「わたしの美しさは、［毒薬を作る花］ベラドンナの美しさです。これを味わう人は狂気と死の餌食になるのです」と語っている。

アッシリアの将軍が彼女が住む街を包囲した際に、彼女は自分の美貌によって敵のその将軍を誘惑し、破滅させようと計画した。そして自分の性的な動機を隠すために愛国的な動機を表にだしたのである。敵の将軍が自分の力と大胆さに思い上がって、彼女の処女を無理やり奪った時に、彼女は怒り狂って、その怒りの力で相手の男の寝首をかき、民族を解放するのである。

「首を切る」という行為は周知のように、象徴的に去勢を示す行為である。ユーディットは自分の処女を奪った男を去勢する女である。それはわたしがすでに報告した結婚したばかりの女性の夢が語ることと同じである。ヘッベルは旧約聖書外典のうちに描かれた愛国の物語を、きわめて意識的に、性的な物語に作り変えたのである。旧約聖書においてはユーディットは帰還した後に、自分の性的な純潔が汚されなかったことを誇っている。そして聖書の原文のどこにも、新婚の不気味な夜を暗示するところはない。しかしヘッベルは、詩人らしい繊細な感覚で、表面的には別の目的をもって書かれた物語のうちに、太古からの動機が潜んでいることをみいだして、この題材を本来の姿に戻したのである。

I・ザートガーはその優れた分析において、ヘッベルがこの素材を選択するにあたって、どれほどまで自分の両親コンプレックスに左右されていたか、男性と女性の戦いにおいてなぜいつも女性に味方したのか、女性の秘められた心の動きにどのようにして感情移入することができたのかを、詳細に分析している。[*11]

またザートガーはヘッベルが自分の作品に合わせて素材に変更を加えた動機について説明した文章を引用しながら、そうした動機は装われたものであって、作家は自分自身の無意識的なものを表面的に正当化しただけであって、結局はそれを隠蔽しようとしているにすぎないことを明らかにした。また聖書では未亡人だったユーディットを、ヘッベルがこの戯曲ではまだ処女を失っていない未亡人に変更した理由について、ザートガーは納得できる理由を説明している。その背景には、両親が性交していることを否定し、自分の母親を神聖な処女とみなしたがる子供の空想的な意図が働いていることを指摘しているのである。さらにわたしとしてはヘッベルがこのような方法で女主人公の処女性を確立した後で、その女性が処女性を奪われたことで相手に激しい敵意を感じたことに同調して空想をふくらませたのであることを指摘しておきたい。

結論として次のようにまとめることができるだろう。処女性の喪失は、その女性を永続的に男性に縛りつけるという文化的な結果を生みだすだけではなく、女性が男性に敵愾心を抱くという原始的な反応も引き起こすものである。反応が病的な形をとって、夫婦の性愛生活に障害をもたらすものとして、外に現れてくることもある。女性にとって再婚の相手のほうが、初婚の相手とよりもうまく行くことが多いのも、この反応によるものと考えられる。処女性のタブーは一見すると不可解なものであり、未開人にみられるように夫が妻の処女を奪うことを恐れて避けるものであるが、こうした恐怖心は、女性のこのような敵愾心に満ちた反応を考えてみることで初めて理解できるようになるのである。

精神分析をしていると、結婚している女性において隷属と敵意という対立した二つの反応が存在し、それらがたがいにしっかりと結びついたままになっている症例に出会うことがあるのは興味深いことである。夫との関係がまったく破綻しているようにみえるのに、それでいて夫と別れようとしない妻の事例も確認されている。こうした女性がどれほど他の男性を愛そうとしても、もはや愛していないはずの最初の男性が、そのたびごとにその男性とのあいだに割り込んできて、邪魔をするのである。精神分析によると、こうした女性は愛情からではなく、もっと別の理由で最初の夫に隷属しつづけていることが示される。こうした女性は最初の夫から自由になることができないのである。というのも彼女はまだ夫への復讐を終えていないからである。こうした状況が顕著な事例では、妻たちは夫への復讐欲動を一度も意識したことがない場合すら、考えられるのである。

原注

＊1　フォン・クラフト・エービング「〈性的隷属〉とマゾヒズムについて」（『精神病理学年鑑』第一〇巻、一八九二年）。

＊2　クローリー『神秘の薔薇――未開人の結婚の研究』ロンドン、一九〇二年、プロース／バルテルス『博物学と民俗学における女性』一八九一年、フレイザー『タブーと魂の危機』、ならびにハヴロック・エリス『性心理学研究』のさまざまな個所を参照されたい。

＊3　クローリー前掲書、三四七ページ。

＊4 他の多くの結婚儀礼では、花婿以外の人間、たとえば花婿の介添人や付添人など（わが国の風習で言えばクランツェルヘア）が、花嫁を性的に意のままにすることが認められていたのは確実である。
＊5 フロイト『トーテムとタブー』（一九一三年）参照。
＊6 A・J・シュトルファー「父親殺しの特別な位置について」（一九一一年、『応用心理学叢書』第一二巻）。
＊7 ユング「個人の運命に対する父親の意義」（『精神分析学年鑑』第一巻、一九〇九年）。
＊8 プロース／バルテルス、前掲書第一章および第一二章。ならびにデュロール『生殖神』（パリ、一八八五年、一四二ページ以下）。
＊9 フロイト「欲動転換、特に肛門性愛の欲動転換について」（『国際精神分析雑誌』第四巻、一九一六〜一九一七年）。
＊10 シュニッツラーの優れた短編小説「ライゼンボーグ男爵の運命」は、描かれた状況はいくらか異なるものの、ここで簡単に考察しておく価値がある。男づきあいの多かったある女優の愛人が、たまたま事故で死んだ。その際に彼は、自分が死んだ後でそ

の愛人と次に関係を結ぶ男性に、死の呪いの言葉を残したのである。これによって彼はその女優に、いわば第二の処女性を与えることになった。女優はこのタブーのために、しばらくは男づきあいをやめることになった。しかしこの女優はやがてある歌手に恋心を抱いた。そこでこの呪いから逃れるために、数年にわたって彼女を手に入れようと望んでいたがそれまでその願いが叶えられなかったライゼンボーグ男爵に一夜を捧げるという方法を採用したのである。この呪いの言葉は男爵の身において実現された。男爵は思いがけず願いが叶った愛の幸福の理由を聞いて、卒中を起こして死んでしまうのである。

＊11　ザートガー「病跡学から心理誌へ」（『イマーゴ』第一巻、一九一二年）。

ある女性の同性愛の事例の心的な成因について（一九二〇年）

一

娘の同性愛の状況

女性の同性愛は男性の同性愛に劣らずよくみかけるものであるが、ほとんど目立たず、そのため刑法によって罰が定められていないだけではなく、精神分析でもそれほど研究されてこなかった。これから説明する症例はそれほど極端なものではないが、心的な発生の歴史がほとんどくまなく明らかにされているので、正確に認識できるものであり、読者にも読んでいただきたいと思う。ただしここではこの症例のごく大雑把な概観と、この症例によってえられたいくつかの洞察を示すにとどめて、こうした洞察をえるために必要であったすべての特徴的な細部には立ち入らないことにする。

これは、分析したばかりの症例について報告する際に医者に当然のものとして求められる秘密厳守の義務によるものであり、そのことは了解されたい。

この女性は上流社会の家族に生まれた一八歳の賢く、美しい娘であって、一〇歳ほど年上の「裏社会の」女性に恋心を抱いて、両親の懸念と不興の種となったのであった。両親はこの年上の女性は上流の家庭の出身と名乗っているものの、実はいかがわしい女性であると、娘に言って聞かせていた。両親によるとこの女性はある既婚の女性と一緒に暮らしていて、この既婚の女性と特別に親しい仲にあるだけでなく、数人の男性とふしだらな関係にあると教えたのである。

娘はこうした悪い噂を否定しなかったが、こうした噂のためにこの女性に対する恋心が損なわれることはなかった。ただし彼女はたしなみと純潔の観念を失ったわけではなかった。どれほど禁じようとも、またどれほど監視していても、娘はわずかな機会を捉えてこの女性に会おうとしていた。そしてこの女性の日頃の暮らしをこまかに調べておいて、この女性の家の戸口や市電の停留所で待ち伏せていたり、花を贈ったりするのをやめようとはしなかった。

この娘のこうした女性への関心が、圧倒的な強さをそなえているのは明らかだった。

娘はほかには何も習いごとをしようともせず、社交や娘らしい遊びにもまったく関心を示さなかった。親友として、あるいは彼女の手助けをしてくれる友として数人の女友達とつき合っているだけであった。娘とそのいかがわしい噂のある女性の仲がどこまで進んでいるのか、夢見心地の恋愛という状況をすでに超えてしまっているのかどうか、両親にはよく把握できていなかった。

娘が若い男性に興味を示す兆候も、若い男性にしたわれて喜んでいる兆候もまったくなかった。ただ両親にはっきりとしていたのは、女性に対する娘の愛着は、数年ほど前から明らかになっていた同性愛の傾向が強まったものであるということであった。娘はこの数年ほど、ほかの女性にも同性愛的な傾向を示していたため、それに懸念を抱いた父親が、娘に厳しい姿勢をとってきたのだった。

両親の懸念と自殺未遂

両親をとくに心配させていたのは、娘が矛盾するような二つの対立する姿勢を示していたことだった。一方では娘はそのいかがわしい女性と連れ立って人目の多い街頭を歩きながら、人々の噂になってもまったく気にしていなかった。他方で彼女はこの女性と一緒の時間を過ごすために、そしてそのことを隠すために、どんな嘘でも口実でも、あらゆる手段を利用するのだった。すなわち一方では娘はすべてを公然としようとしながら、他方では自分のしていることをできるだけ隠そうとしていたのである。

そしてある日、このような状況にあっては起こらざるをえないことが起きた。娘が街路で、父親の知るところとなっていたその女性と一緒にいるところに、父親がやってきたのである。父親は近くを通り過ぎながら怒りを込めた目つきで二人を眺めた。これは悪しきことが起こる前兆のようなものだった。すぐに娘はこの女性から離れて、柵を乗り越えて、すぐ近くの市電の堀に身を投げたのである。これは明らかに覚悟の自殺の試みであり、その時は大怪我はしなかったものの、長いあいだ入院していなければならなかった。

ところが怪我から回復してみると、娘は自分にとって有利な状況になっていることに気づいた。両親はこれまでのように娘に厳しい姿勢をとることができなくなっていた。またそれまで娘に対してはっきりと拒絶の姿勢を示していた例の女性も、娘の愛情が本物であることを示す証拠を目の当たりにして心をうたれ、これまでよりもはるかに優しい態度をとるようになっていたのである。

両親の姿勢の変化

この自殺未遂から半年ほど経って、両親は［精神分析の］医者に治療を依頼して、娘を正常に戻してほしいと頼んだのであった。娘の自殺未遂事件によって両親は、家庭での躾などの方法では、こうした心的な障害を克服できないことを理解したのだった。

ただしここで父親の立場と母親の立場とは、区別して考えるべきだろう。父親は名望のある真面目な人物だった。とても愛情の深い心を持っていたが、表面的には厳格さを装っていたために、子供たちからはいくらか敬遠されていたのである。父親はこのひとり娘には、妻と同じように、相手に気兼ねするような態度を示していた。ただし初めて娘の同性愛的な傾向に気づいたときには、ひどく怒ってそれを威嚇して抑えようとしたのだった。

その頃、父親は娘の同性愛的な傾向をどのように考えるべきか、二つの考え方のあいだで迷っていたようであるが、彼にとってはどちらも気まずいものだった。一方では彼は娘をふしだらで堕落した女性とみなし、堕落したためにこのような同性愛に陥ったと考えた。しかし他方では娘は精神を病んでいると考えるべきではないかとも考えていたのである。わたしの同僚である医師の一人は、自分の家庭で同じような問題が発生したときに、これは世間でよくある災難の一つにすぎないと語ったものだった。しかしこの父親は、娘の自殺未遂の後でも、この悟ったような境地に達することはなかなかできないようだった。彼にとって娘の同性愛は、きわめて激しい怒りを引き起こすものだったのであり、あらゆる手段を講じて、娘の同性愛の傾向と闘おうとしたのである。

そこで父親は、ウィーンでは精神分析の評判が芳しくなかったにもかかわらず、精神分析の助けを借りようとしたのである。そして精神分析によってもこれが解決できない場合には、最後の手段に訴えるつもりだった。すなわちすぐにでも娘を結婚させて、女性らしい自然の本能を目覚めさせ、そうした不自然な傾向を根絶しようと考えていたのである。

母親の立場は、父親ほど分かりやすいものではなかった。娘の母親はまだ若く、自分の美貌によって男性たちに気に入られたいという欲望を捨てかねているようであった。そのため娘が夢見心地の恋心を示してもそれほど深刻に受けとめず、父親のように憤慨することはなかったのは明らかだった。さらに娘はかなり前から、例の女性に対する自分の恋心を母親には打ち明けていたのである。

それでも母親が父親に同調するようになったのは、娘が自分の恋心を公然と示すようになったため、その向こう見ずな態度が懸念されたからである。母親も数年にわたって神経症に悩んだことがあって、そのために夫からは腫れ物に触るように扱われていた。ただし子供たちに対する母親の姿勢はかなり不公平なものだった。娘にはとても厳しくあたっていたが、三人の男の子はひどく甘やかしていたのである。とくに末っ子は遅くになってから生まれた子で、まだ三歳になっていなかった。

この娘から母親の性格について聞きだすのは、たやすいことではなかった。後になってから分かったことだが、娘は母親についていつも遠回しに語るようにしていたためである。これに対して父親についてはそのようなことはまったくなかった。

精神分析医の立場

わたしはこの娘の精神分析を引き受けたのだが、さまざまな理由からどうも気乗りがしなかった。この娘の精神状態は、精神分析が必要なものではなかったし、また精神分析だけで効果を発揮するようなものでもなかったからである。周知のように精神分析が役立つ理想的な状況は、次のようなものである。すなわちある人がそれまでは自分をコントロールできていたが、内的な葛藤に苦しめられ、この葛藤を自分では処理できず、みずから精神分析医を訪れて自分の葛藤について説明し、分析の援助を求めるような状況である。そうした場合であれば精神分析医は、心の病によって分裂するようになった二つの人格の片方に手助けして、葛藤を引き起こしているもう一つの人格に対抗させることができるのである。

このような状況でないと、分析はかなり困難になり、それぞれの事情につきものの内的な問題が、分析をさらに難しいものにする。精神分析において発生する状況は、建築の施主が建築技師に、自分の趣味と要求に適った別荘を建築してくれるように頼む場合とは違うのである。また敬虔な信者が、寄進するために聖者の画像を描いてもらおうとして、画家に絵を描くように依頼し、その絵の片隅に、礼拝者である自分の肖像も描いてもらいたいと頼むような場合とも異なるのである。

神経症の妻をもつ夫が精神分析医を訪問して、自分とうまくゆかないから妻を治療して、自分たちが幸福な結婚生活を送れるようにしてほしいと頼むのはよくあることだが、このような依頼に応じることはできないのであって、医師は夫が求めているような結果を作りだすことはできない。というのも妻が神経症の障害から解放されると、結婚生活も同時に解消されてしまいかねないからである。この結婚生活は妻の神経症によってどうにか保たれているのかもしれないからである。

あるいは両親が精神分析医を訪れて、反抗的で神経質な子供を健康にしてほしいと頼むこともある。ところで両親が望んでいる健康な子供とは、両親に迷惑をかけず、ただ喜びだけを与えてくれるような子供のことである。たしかに子供の神経症の治療は成功するかもしれないが、そうなると子供は前よりもはっきりと自分の主張を貫くようになるだろう。そしてそのために両親の不満がさらに強まるようになりかねないのである。

要するにその人が自発的に精神分析を受けにやってきたのか、それとも別の人に連れてこられたのか、その人が自分で自分の精神を変えようとしているのか、あるいはその人を愛しているか、愛していて当然とされる人々がそれを望んでいるだけなのかによって、事情は大いに異なるのである。

同性愛の治療の意味

この娘の場合にはさらに、精神分析に好ましくない状況があった。すなわち彼女はそもそも病人ではなかったのである。彼女は心のうちの葛藤によって悩んでいたわけではないし、自分の精神状態を変えようと望んでいたわけでもないのである。わたしが依頼されたのは［同性愛という］性器的な性体制の一つの形式を、［異性愛という］別の形式に移行させることであって、神経症的な葛藤を解消させることではなかったのである。

そしてこれまでの経験から考えても、性器的な対象倒錯や同性愛を治療するのはたやすいことではないし、このような仕事はとくに恵まれた条件のもとでしか成功しないのは明らかであった。そしてそれに成功したとしても、この成功というのは、同性愛的な傾向に閉じ込められていた人が、それまでは閉ざされていた異性への愛の道を進めるようにすること、すなわちその人の両性愛的な機能を復元することにすぎなかったのである。

そして治療の後でその本人が、社会的には禁じられている同性愛という道を進まないことにするかどうかは、本人だけが決定することである。たしかにこれまでも治療の後で、そのような経過をたどった例はあった。ただし正常な性愛活動というものも、対象選択という制限に依拠したものであることを忘れるべきではない。そして一般的には完全な同性愛者を異性愛者に変えるのは、異性愛者を同性愛者に変えるよりもはるかに難しいものなのである――ただし正当で実際的な理由から、異性愛者を同性愛者に変える試みは、なされたことがないのであるが。

しかしきわめて複雑な構造を持つ同性愛を、精神分析によって治癒することができた症例の数はごくわずかなものである。基本的に同性愛者は、自分の性的な快楽を享受する対象を諦めることができない。患者に向かって、精神分析によってこの対象からえられるはずの快楽を放棄しても、それと同じ快楽を別の対象からえられるはずだと説得しても、あまりうまくゆかないのである。

そもそも同性愛者が治療を受けに来たとしても、それは社会的な不利益のためであったり、自分の対象選択がもたらす危険のためであるなどの外的な理由によることが多い。このような自己保存欲動によって生まれた配慮は、性的な快楽の追求との競争においては、負けてしまわざるをえないのである。そして医者はやがて、患者がひそかな計画を企てていることに気づくようになるものである。というのも患者は精神分析を受けることによって、ともかく自分はこの同性愛という異常な傾向と闘うために努力したのであり、この闘いに明らかに敗北した今は、安心してこの同性愛という異常な傾向に身を委ねることができると、自分に言い聞かせようとするからである。

患者がこの傾向を治療しようとする動機が、自分の愛する両親や家族を安心させようというものである場合には、いささか状況が異なる。その場合には患者のうちにリビドー的な努力が実際に存在していて、同性愛的な対象選択に抵抗しようとするエネルギーを展開しようとするのである。しかしそうした努力は十分な力をそなえていないものである。精神分析による治療の予後が好ましいものと判断できるのは、同性の対象に対する固着がまだそれほど強くなっていないか、異性愛的な対象選択の素質や残滓がまだかなり残っている場合、すなわち性的な体制がまだ揺らいでいるか、明らかに両性愛的な体制が存在している場合に限られるのである。

精神分析の二つの段階

このような理由からわたしは、患者の治療の見込みがあることを両親に期待させることを、できるだけ避けるようにした。わたしは両親に、「お嬢さんを数週間、あるいは数ヶ月かけて慎重に調べてみてからでないと、精神分析を施して効果を上げることができるかどうかの見通しについては言えません」とだけ告げておいたのである。

これまでの無数の症例を扱った経験から明らかになったのは、精神分析は二つの明確な段階に分けられるということである。第一段階で医者は、患者について必要な知識を入手し、精神分析に求められる前提とルールを患者に知らせ、患者の苦しみがどのようなプロセスで発生してきたかを説明する。そしてこうした説明の根拠は、さまざまな分析の結果に基づいたものであることを患者に教えるのである。

第二段階においては患者がみずから、自分に提供された素材を自由に駆使しながら、思いだすことができるかぎりで、自分のうちでどのような抑圧が行われてきたかを想起し、その他の事柄については、ある種の再生作業によって意識のうちにとり戻そうとする。その際に患者は、医者が提示した意見を承認したり、補足したり、訂正したりすることができる。このような作業をつづけることによって初めて、患者は抵抗を克服し、望ましい内的な変化を実現し、それによって医者の権威から独立できるという確信を獲得することができるようになる。

ただし精神分析の治療において、こうした二つの段階がいつも明確に区別できるわけではない。こうした二つの段階が明確に分かれるのは、患者側の抵抗が特定の条件を満たす場合にかぎられる。そのような場合には患者が経験するこれらの二つの段階は、いわば旅行の二つの段階に譬えることができるだろう。

旅行の第一段階は、旅行に必要なさまざまな準備をする段階であって、この準備作業は現在ではとても複雑で、なかなか実行が難しいものとなっている。それでも準備が整えば、汽車の切符を購入し、プラットホームに上がり、汽車のシートに座ることができるようになる。このようにして患者は遠方に旅行するために必要な権利と可能性を手にしたことになるわけである。ただしこれほどの準備をしてもなお、目的地に到着したわけではないし、目的地にわずかでも近づいたわけでもない。患者はまだこれから一駅一駅と、目的地に向かって進んでいかなければならないのであり、この目的地に進む作業が、分析の第二段階なのである。

娘の分析方針

わたしの患者になった娘の分析作業はこうした二つの段階に分けて行われたが、第二段階が始まったところで中断してしまった。それでも患者の抵抗が特殊な性格のものであったために、わたしの立てた仮説が正しいものであったことが確認され、彼女の対象選択における倒錯の発達プロセスについて、全体として十分な洞察がえられた。わたしはこれから、この分析結果を詳しく説明するつもりであるが、その前にすでに触れておいた問題点について考察しておこう。読者もこれらの問題点に関心を持たれたと思うからである。

わたしは娘がどの程度まで自分の情熱を満足させることができているかを明らかにすれば、ある程度は分析の予後を判定できるものと考えた。そして分析においてわたしが知りえた事実は、これに関してはかなり有望なものであった。彼女はこれまでのところは同性愛の相手たちとせいぜいのところキスをしたり抱き合ったりした程度のことで、いわば性器的な純潔はまったく損ねられていなかった。さらに彼女のきわめて激しい情熱を呼び覚ました最近の同性愛の相手である例のいかがわしい女性は、彼女に冷たい態度をとりつづけていて、手にキスすることしか許していなかったのである。

娘は自分の愛情の純粋さと、性交に対する肉体的な嫌悪感を繰り返し強調していたが、それは彼女が置かれていたつらい状況を、自分に有利なように解釈しようとするものだった。彼女は自分が恋着している女性は、もともとは生まれの良い女性だったが、不愉快な家庭の事情のために今のような境遇に身を落としているのであって、性的な側面でも品位を落としていないと賛美していたが、それにはいくらかは正しいところもあった。この女性は娘と会うたびに、自分にもほかの女性にも恋着するような傾向からは、いっさい身を翻さねばならないと言い聞かせていたし、娘が自殺を試みるまでは、ずっとつれない態度をとっていたのである。

わたしが明らかにしようとした次の点は、彼女の同性愛のもともとの動機であって、これによって分析治療の土台が確認できるのではないかと考えていた。娘はどうにかしてこの同性愛から解放されたいと思っているなどと主張して、わたしを騙そうとすることはなかった。反対に彼女はわたしに、自分には同性愛のほかには、恋愛というものは考えられないのであるが、両親がそのためにとても苦しんでいるようなので、両親を安心させるために治療の試みに真面目に協力しようとする気になったのだと語っていた。

このような言葉は、最初は治療にとって好ましいものと思われた。しかしこうした言葉の背後にも無意識の情動のもたらす態度が潜んでいたのである。こうした態度が表面に現れてきたために治療の方法を変えざるをえず、そして治療が時期尚早に終わらざるをえなかったのである。

女性の同性愛についての二つの問い

精神分析の専門家でない読者の方々は、おそらくしばらく前から二つの別の問いに答えてほしいと待ち望んでおられたことだろう。すなわちこの同性愛の娘には、明白に男性の身体的な特徴がみられたかどうか、そしてこの同性愛は結局のところ生得的な同性愛だったのか、後天的に生じた同性愛だったのかという問いである。

わたしは第一の問いに含まれている問題が重要なものであることを否定するつもりはない。ただしこのことをあまりに過大に評価して、次のような事実を無視してはならないと思う。すなわち同一の人物において、自分とは異なる性にそなわる第二次的な特徴が散発的に存在することは、正常な人間においてもごく頻繁にみられるということ、そして対象選択において倒錯のみられない人々においても、異なる性の特徴が身体的にはっきりと現れていることがありうるということである。言い換えれば、男女のどちらにおいても、ある程度まで身体的な両性具有の特徴が存在しているということは、心理的な両性具有の特徴がどの程度まで存在しているかということとは、ほとんど関係がないのである。

ただしこの二つの命題を補足するために、次の二つの制約をつけておく必要があろう。すなわち身体的な両性具有の特徴が、心理的な両性具有の特徴とかかわりなく存在する傾向は、女性よりも男性において強いものであること、そして女性においては、身体的に自分とは異なる性の特徴が現れる場合には、ほぼ必ず心理的にも自分とは異なる性の特徴が現れるということである。

ただしわたしが分析しているこの事例では、これらの二つの問いのうちの第一の問いに十分に答えることはできない。精神分析医はある種の事例においては、自分の患者の身体を詳細に調査することを断念するのがつねである。いずれにせよこの患者は身体的にみて男性的な傾向はほとんどみられず、月経も正常だった。美しくすらりと成長したこの娘は、背丈も父親と同じくらいで、顔の輪郭が娘っぽいというよりはいくらか鋭い印象を与えたが、彼女の身体の男性的な特徴といえば、このくらいのものであった。また彼女の知的な特性として、情熱に支配されていない時には、鋭い理解力と冷静で明晰な思考能力を示していたが、これはたしかに男性的な特徴と言えなくもないだろう。

しかしこうした男性と女性の区別は学問的なものではなく、むしろ慣習によって定められたものにすぎない。それよりも注目に値するのは、娘が自分の愛情の対象に対して、完全に男性的な態度で接したということである。すなわち彼女の態度には、恋する男にみられる謙虚さと性的な対象への過大評価、あらゆるナルシシズム的な満足の放棄、愛されることよりも愛することそのものを優先するという男性に固有の態度がみられたのである。このように娘は、自分の愛情の対象として同性の女性を選択し、この愛情の対象に対して男性として振る舞っていたのである。

この娘の同性愛が先天的な同性愛であったか、それとも後天的な同性愛であったかという第二の問いには、彼女の障害の発展段階の全体を考慮しなければ答えることができないが、いずれこのような問いそのものが、いかに不毛で的外れであるかが明らかになるだろう。

二

娘のリビドー発展史

前置きが長くなったが、この症例のリビドーの発展史についてはごく手短に概略しか述べることができないのは、残念なことである。この娘は少女の頃に女性の正常なエディプス・コンプレックスを目立たない形で経験し、*1 後にこのコンプレックスの対象を父親からわずかに年上の兄へと置き換えたのだった。幼児期に性的な外傷を受けたという記憶はなく、分析によっても明らかにされなかった。

自分の性器を兄の性器と比べてみるという経験は、五歳あるいはそれ以前の潜伏期の初期に訪れたが、これは彼女に強い印象を与え、その後の長い期間にわたってその影響が残った。幼児期にオナニーをしたことを示す事実はほとんどなく、分析もそれを明らかにすることはできなかった。最初の弟が生まれたのは五歳から六歳の頃であり、このことは彼女の心理的な発達に特別な影響は与えていない。

学校に通うようになってからの前思春期に、性生活の事実について次第に知識を増やしていったが、彼女はこうした事実について好奇心と驚きに満ちた拒絶感の混じった感情で向き合っていた。こうした反応は大げさなものではなく、正常なものと言えるだろう。こうした反応についてのデータは少なく、満足できる診断は下せない。おそらく彼女の少女期における発達の歴史はもっと内容の豊かなものだったろうが、わたしはそれについての知識を持たない。

すでに述べたようにこの患者の分析は始められた後にすぐに中断されたのであり、彼女の分析の結果は、信憑性が疑われるようなその他の同性愛者の病歴と比較しても、それほど信頼できるものではない。それに彼女はこれまで神経症にかかったことはなく、分析のあいだにヒステリー的な症状を示したこともない。そのため彼女の子供の頃について詳しく調べ出すための手がかりもえられなかったのである。

彼女は一三歳か一四歳の頃、誰からみても度を越していると思わせるほどの激しさで、子供公園でいつも出会う三歳にもならない小さな男の子に愛情を示した。彼女がこの子を溺愛したので、その子供の両親と長く続く交友関係が結ばれたほどである。わたしたちはこの出来事から彼女がその頃に自分も母親でありたい、子供を持ちたいと強く願っていたものと想定することができる。しかしやがてその子供に対する愛情が薄れて、成人のまだ若い女性に関心を示すようになった。彼女がそうした関心を口にしたために、父親からひどく叱られることになった。

彼女のこのような変化が、その頃彼女の家庭において起きた出来事と時間的にも一致しているのは疑う余地のないことであって、彼女の心境の変化はこの出来事によって説明できると考えられる。小さな男の子を激しく愛していた頃の彼女のリビドーは母性的な傾向を示していたが、その後の彼女は成人した若い女性に対する同性愛的な傾向を示すようになり、それがずっとつづいてきたわけである。この変化を理解するためにきわめて重要な意味をもつ出来事は、母親が妊娠して二番目の弟を産んだことである。彼女が一六歳の頃のことだった。

娘の最初の同性愛

これからわたしが説明するさまざまな事情の脈絡は、わたしが連想したものではなく、分析によってえられた信頼できる材料によって、疑問の余地がないと思われるものである。わたしはこうしたつながりは客観的に正しいものと主張できる。そのつながりの正しさは、内容的に相互に関連があり、またその意味をすぐに理解できるいくつかの夢によって保証することができる。

精神分析によってこの娘が愛着している例のいかがわしい女性は、母親の代用物であることが明らかになった。ただしこの女性は、子供を産んだことはなかった。またこの女性が娘にとっての最初の愛情の対象であるわけでもなかった。末の弟が誕生した後に彼女が最初に愛情を向けた対象は、実際に母親であった女性たちだったのである。こうした女性たちの年齢は三〇歳から三五歳くらいだった。彼女は夏の避暑地や都会の家庭ぐるみのつき合いで、子供たちと一緒にいる母親たちと知り合いになったのである。

やがて愛着の対象となる女性から母親という条件が外されたが、それはこの母親という条件が、それよりもさらに重要になっていった別の条件とうまく両立しなかったためである。最後に彼女の愛着の対象となっていた例の「女性」に対するとくに激しい愛着には別の理由があった。そして娘はその理由をある日自分の力で苦もなくみつけることができた。この女性のすらりとした体つきと、凛とした美しさと、少し荒っぽい性格が、彼女に自分よりも少し年上の兄を思いださせたのである。だから最後に選ばれた対象であるこの女性は彼女にとっての女性の理想像にふさわしい人物であるだけでなく、男性の理想像も体現していたのである。このようにしてこの女性は彼女の同性愛的な欲望と異性愛的な欲望の両方を同時に満たしてくれる人物だったのである。

これはよく知られていることだが、男性の同性愛者を分析してみれば、このような両方の欲望を満たしてくれる対象が選ばれることが多いことが明らかになる。このことは倒錯の本質とその成立過程についてはあまり安易に考えてはならず、人間には一般に男女両性の性格がそなわっていることを忘れてはならないと、わたしたちに教えているのである。[*2]

娘の同性愛の謎

しかしいささか奇妙に思われることは、この娘がすでに成熟し、自分のうちに強い欲望を感じていながら、年齢の離れた弟が生まれてきたのをみて、その子供の産みの親である自分の母親に情熱的な愛情を向け、さらに母親の代用物として、例の女性を情熱的に愛するようになったということである。わたしたちの通念からすると、これとは反対の事態になるのがふつうなのである。世の中のふつうの母親たちがこの歳になって妊娠した場合には、すでに適齢期を迎えている娘に対して恥ずかしく思うものである。そして娘たちも母親に対して、共感と軽蔑と嫉妬の入り混じった感情を抱くものである。そしてこの娘が母親にこのような感情を抱いていたのであれば、母親に対する愛着は薄れたはずなのである。

さらにこの娘の場合には、母親に愛着を感じる理由はあまりみつからない。というのも、まだ若かった母親は、急に娘らしくなってきた自分の子供を、不愉快な競争者であるかのように感じていたからである。そこで娘を男の子供たちよりも冷遇し、彼女の独立性をできるだけ制限しておいて、娘を父親から遠ざけるようにしていたのである。だから娘がもっと優しい母親を望んでいたとしても不思議はないのである。それなのに娘がその頃に母親に対して、身がやつれるほどの愛情を燃え上がらせたのはなぜなのか、それが不思議なのである。

しかしこれは次のように説明できる。娘はその頃に思春期を迎えており、幼児期のエディプス・コンプレックスが新たに働き始めていた。そして「弟が生まれたことで」幻滅を味わわされたのである。子供を持ちたい、とくに男の子を持ちたいという願望は、彼女にとってもはっきりと意識されていた願望だった。しかしその子供が自分と父親とのあいだで生まれた子供であってほしいという願望や、父親にそっくり似た子供であってほしいという願望は、意識のうちにのぼってきてはならなかったのである。

ところがその頃に、彼女が子供を産むのではなく、彼女が無意識のうちに憎んでいたライヴァルである自分の母親が子供を産むという事態が生じたわけである。これに怒りを感じ、苦しめられた彼女の心は父親から離れ、さらに男性一般から離れてしまった。この最初の挫折の後、彼女は自分が女性であることを嫌うようになり、自分のリビドーを別のところに向けようとしたのである。

対象選択の「揺れ」

その際に彼女は、最初の女性とのつき合いで不愉快な経験をした多くの男性と同じような目にあった。こうした男性はその後では、すべての女性が不実であると思い込んで、女性の敵になってしまうのである。わたしたちの時代に生きた魅力的ではあるが不幸なある王族の男性について、次のような噂を聞いたことがある。この男性はフィアンセが別の若者と恋仲になってしまったために、同性愛者になったというのである。これが歴史的な事実かどうか、わたしには判断できないが、この噂の背後には心理的な真実が潜んでいるのはたしかである。

男性にせよ女性にせよ、わたしたちのリビドーというものは一生を通じて、あるときは男性の性愛対象を選ぼうとし、あるときは女性の性愛対象を選ぼうとして、揺れ動くものである。若い青年は結婚すると、かつての男友達を顧みなくなる。ところが結婚生活に飽きてくると、昔から馴染みの酒場に戻っていくのである。このような動揺があまりに徹底的で決定的なものである場合には、その背後に特別な要素が潜んでいるのではないかと疑われることになる。そしてこうした若い青年も、結局は男性か女性のどちらか一方を選ぶのだとしても、もともと自分の目指していた対象選択を行うのに適切な時期がくるのを待ち構えていたのではないかと考えられるのである。

娘の同性愛のメカニズム

ここで取り上げている娘は、最初の幻滅を味わわされた後に、子供が欲しいという願望も、男性に対する愛情も、女性らしい役割も、すべてを投げ捨ててしまった。その後にはさまざまな可能性が開けていたわけであるが、実際に彼女に起きたのはもっとも極端な選択だった。彼女は自分を男性に変えてしまい、父親ではなく母親を自分の愛情の対象として選択したのである。[*3]

彼女の母親との関係は、最初から両義的なものであったから、かつて抱いていた母親への愛情を復活させ、この復活した愛情の力を借りて、現在の母親への敵意を過剰に代償するのはたやすいことだった。しかし現実の母親に愛情を向けてもあまり意味がないので、こうした感情転換を土台として、情熱的に愛することのできるような母親の代用物を探し求めたのである。[*4]

このほかにもある別の実際的な要因が、母親に対する娘の現実の関係から「疾病利得」として加わったのだった。というのも母親はまだ自分の魅力に自信を持っていて、男性たちからちやほやされることを望んでいた。だから娘が同性愛になるということは、母親に男たちを譲るということを意味していた。これによって母親との「衝突を避ける」ことができたわけであり、これまで母親から不興を買っていた原因を取り除くことができたわけである。[*5]

娘のリビドー体制がこのようなものであることは、彼女が父親にどれほど不愉快な感情を抱いているかに、自分で気づいたことによって確認された。女性に対して非常に強い愛情のこもった態度で近づいた時に父親からひどく叱られてからというもの、彼女はどうすれば父親を傷つけることができ、どうすれば父親に復讐できるのかを理解したのである。

このようにして彼女は、父親への反抗心からも同性愛者でありつづけることになったのである。娘は父親を欺き、嘘をつくことにいかなる良心の咎めも感じていなかった。彼女は母親に対しては、父親が何も知らないでいるために必要な範囲でしか、嘘をつかなかった。娘はいわば「目には目を」の原則に従って、他人が自分に嘘をつけば自分も他人に嘘をつくようにしていたものと思われた。

ほかのことでは万事についてとても賢いこの娘が、時に目立つほどの不用心さを示していたことは、このようにしか説明できない。というのも時には自分が女性とつき合っていることを父親に知らせないのでは、彼女にとってもっとも切実な要求であった復讐心を満たすことはできないからである。だからこそ彼女は自分が愛着を感じている例のいかがわしい女性と一緒にいるところを公然と人目にさらして、父親の事務所に近い街路を一緒に散歩してみせたのである。このような不手際は実際には計算済みの〈不用心〉だったわけである。

両親の反応

ところで両親があたかも自分の娘の隠された心理状態を理解しているかのように振る舞ったのは奇妙なことであった。母親は娘の〈回避〉行動を自分への行為と理解したかのような寛大な態度を示したし、父親は自分に向けられた娘の復讐の意図を感じ取ったかのように憤慨したのである。

しかし娘の倒錯が最終的に確立されたのは、彼女が例の「女性」を愛情の対象として選択してからのことであった。この女性は、まだ自分の兄に固着していた彼女の異性愛的なリビドーも満足させてくれたからである。

三

娘の男性的な振る舞い

このように、心のさまざまな層を貫いて働く錯綜した心的な事象について説明するためには、順序正しく記述する方法は適していない。そこでこの事例についての議論を中断して、これまで報告してきた内容のうちの一部をさらに敷衍し、考察を深めることにしよう。

すでに述べたようにこの娘は自分が愛情を抱いている女性との関係において、愛情における男性的な類型の振る舞いを示したのであった。愛する女性にたいするへりくだった態度、愛情のこもった控えめな服従、「わずかしか望まず、何も要求しない」姿勢、この女性にほんのわずかなあいだだけつき添い、別れ際に手に接吻することを許された時に感じる幸福感、ほかの人から自分が美しいと言われても何も感じないのに、愛する人が美人だと噂されると喜ぶこと、愛する人がかつて滞在した場所を自分でも訪問したがること、あらゆる積極的な官能的な欲望の充足の放棄など、これらのすべてのささやかな特徴は、若い男性が有名な女性芸術家に夢見心地の恋に落ちた時に示すような情熱を思わせるものである。こうした若い男性は、女性が自分よりもはるかに高い存在であると信じ込んで、彼女にまなざしを向けるときすら、おずおずと振る舞うのである。

わたしは論文「男性における対象選択の特殊な類型について」[*6]でこのような特徴について論じたことがあるが、こうした特徴はこの娘の振る舞いと細かな点にいたるまで一致しているのである（わたしはこの論文で、こうした類型にみられる特徴は、母親への固着によるものであると指摘しておいた）。

この娘が、自分の観察によっても、愛する女性に加えられている中傷は根拠のあるものであることを知っていたにもかかわらず、この女性が悪い評判を立てられていることにまったくひるまなかったのは奇妙なことであった。ただし彼女は育ちの良い純潔な娘であって、自らは性的なアヴァンチュールを避けていて、露骨な性的な満足を下品なものとして退けていたのである。

それでいて彼女が最初に夢見心地の愛情を向けたのは、とくに厳格な道徳的傾向の持ち主とはみなされていないような女性たちだった。彼女が父親から愛情の対象選択に関して最初に叱責されたのは、ある避暑地で映画女優との交際を執拗に求めたからだった。その頃に娘が選ぼうとしたのは、同性愛の評判があり、同性愛的な満足を満たしてくれる見込みのあった女性たちではなかった。奇妙なことに彼女が惹かれたのは、普通の意味で男好きのする女性たちだった。しかも彼女の愛に進んで応じてくれるような同年配の同性愛的な傾向のある女性の友人たちには、まったく見向きもしなかったのである。

例の「女性」の悪評の高さは、娘にとっては情熱を高めるための一つの条件であった。このような愛情の動きは奇妙に思われるかもしれないが、以前の論文「性愛生活が多くの人によって貶められることについて」で指摘したように、母親に由来する愛情選択を行う男性的な類型においては、愛する女性が「性的にふしだら」であるという噂を立てられていたり、いかがわしい女性と思われても仕方のない振る舞いをしていたりすることが、対象選択の条件であることを想起すれば、いささかも奇妙なことではないのである。

後になってこの娘は、自分の崇拝するこの女性がいかがわしい女という形容にぴったりする人柄であり、実際に身体を売って生計を立てていたことを知るのであるが、この事実に対して彼女は強い同情を感じ、この女性をこうした不名誉な生き方から「救う」にはどうすれば良いかと考えながら、そうした空想や企てに取り憑かれていたのである。わたしが発表した前の論文でも、こうした男性の類型では、このように相手の女性を救おうと試みる特徴が確認されたのである。そして前の論文でわたしはこうした努力について、精神分析的な考察を行っておいた。

自殺の試みについての本人の説明

すでに述べた娘の自殺の試みは、本気で行われたものと考えざるをえないのであるが、この試みによって娘と両親の関係も、愛する女性との関係も著しく改善されたのであった。この自殺の試みを分析することで、わたしたちは彼女の行動をまったく別の観点から考察できるようになった。

その日に彼女は例の女性と、ある時刻にある場所を散歩していた。ところがこの場所は、事務所からやってくる父親と出会う可能性のある場所だったのである。実際に父親は散歩している彼女たちのそばを通り、自分の娘と、すでにその素性を知っていたこの女性を、怒ったような目つきで睨みつけたのである。その直後に娘は、崖から市電の堀に身を投じたのだった。

その理由について彼女は、かなり説得力のある説明をしている。それによると娘は一緒にいた女性に、彼女たちを意地悪そうな目つきで睨んだ男性は彼女の父親であること、そして父は自分が相手の女性とつき合うことをひどく嫌っていることを打ち明けたのである。すると相手の女性はひどく憤慨して、すぐに自分と別れるように、もはや自分を待ったり、自分に話し掛けたりしないようにと言い渡し、二人の仲はこれでおしまいだと宣言したのだという。このため愛する人を永久に失ってしまったという絶望に駆られて、死にたいと思ったというのである。

自殺の試みについての分析による解釈

しかし分析によって彼女のこの説明の背後には、もっと深い意味のある解釈の道がひそんでいることが明らかになった。そしてその解釈は彼女の夢によっても裏づけられたのである。これは十分に予測されたことであるが、娘の自殺の試みは、彼女の説明のほかにも二つの意味があった。一つは罰を加えること(自己処罰)であり、もう一つは願望を充足することである。

それが願望の充足であるというのは、自殺の試みが、父親の子供を産みたいという願望の充足を表現しているからであって、彼女は父親の罪のために分娩した(自分の身を投げた)のである。[*7] もともと彼女は何よりもこの願望が満たされなかったために、同性愛へと追いやられたのだった。自殺を試みる前に、相手の女性は父親と同じような叱責の口調で語り、自分と別れよと命じたのだったが、これは父親と同じことを命じる禁止命令であったという事実によって、この深い意味での解釈と、娘が自分で説明した表面的な解釈が結びつけられたのである。

娘のこの自殺の試みには、自己処罰という意味が含まれていたことは、彼女が両親のどちらかが死んでくれればよいと、無意識のうちで密かに望んでいたことからも明らかになる。そのような願望が生じたのは、自分の愛情を妨げる父親に対する復讐心からであり、さらにありうるのは、ずっと年下の弟を孕んだ母親に対する復讐心からである。

自殺の動機

というのもこうした自殺の試みの謎は、精神分析によって次のように解明されているからである。すなわち自殺をするだけの心的なエネルギーが生まれるのは、自殺しようとする人が自分と同一化してきた対象もまた自分とともに殺そうとする時であるか、あるいは別の人に向けられていた死の願望を自分自身に向ける時であるからである。自殺する人には例外なしにこのような無意識的な死の願望が確認されるものであり、それは何ら意外なことではないし、わたしたちの推定を確認してくれるものとして喜ぶべきものでもない。というのもあらゆる人の無意識は、死の願望で満ちているからである。それだけではなくわたしたちは自分が愛する人の死すら、無意識のうちに望んでいるのである。[*8]

この娘の場合には、彼女は母親が、［父親によって］自分には与えられなかった幼い弟を出産したことを許せなかったのであり、母親はこの弟の出産の際に、死ぬべきだったのである。そして娘は母親と同一化していただけに、この自己の処罰は同時に［母親の死という］願望の実現を意味したのである。ただしこの娘が企てた行為を可能にするには、予想に反することではないが、ほかにもさまざまな動機が重なり合う必要があっただろう。

この娘が説明した自分の自殺の動機には、父親が登場しないし、父親の怒りに対する不安についても語られていない。ところが分析によって明らかにされた自殺の動機においては、父親が主役を演じているのである。少女と父親の関係は、精神分析による治療においても、治療のための調査の経過と結果においても、同じように決定的な意味を持っていた。

この娘は両親への気遣いによって、精神分析の治療に協力すると語っていたが、このような親孝行ぶった口実の背後には、父親に対する反抗心と復讐心が隠れていたのであり、こうした気持ちによって彼女は同性愛にしがみついていたのである。このような隠蔽が行われていたために分析への抵抗はあまり大きなものではなく、分析によってかなり多様な領域に自由に調査を広げることができた。分析を受けた娘はその作業に知的に参加したのであり、しかも情緒的に安定していたために、ほとんど抵抗なしで分析を進めることができた。

ある時わたしは彼女に、精神分析の理論のうちでもきわめて重要で、彼女自身にもほぼそのままあてはまるような理論を説明したことがある。すると彼女はとても真似られないような口調で、「それはとても面白いことですね」と語っただけだった。それはあたかも社交界の女性が博物館に案内されて、自分にはあまり意味のない展示品を、手持ち眼鏡で眺めながら評しているかのような口調だった。

娘の抵抗

彼女の精神分析によってえられた印象は、催眠術による治療によってえられた印象に近いものだった。催眠術による治療においても患者の抵抗はあるところまでは小さくなってゆくが、そこから先はまったく手の施しようもなくなってしまう。これはいわば［抵抗しないようにみせかける］〈ロシア的な〉抵抗の戦術であって、強迫神経症においてしばしばみられるものである。こうした場合には、しばらくのあいだは分析によって非常に明晰な結果がえられるし、症状が発生した原因についても深い洞察がえられるものである。

それでいて分析医は、精神分析によってこれほど理解が深まるのに、患者の強迫症状と抑圧にはごくわずかな軽減もみられないのはどうしてだろうかと訝《いぶか》しく思わざるをえないのである。このようにしてやがては、こうして獲得した成果にも、すべて疑問による留保がつけられたままであり、神経症はこうした疑問による留保を防壁としながら安住していることが分かるのである。患者は心の中で、しかもしばしば意識的に、「医者の言うことが信じられるならば、すべてはうまくゆくだろう。しかし医者の言うことなど信じられないのだから、わたしも何も変える必要はないのだ」と呟いているのである。もしも医者がこうした疑問の生まれる動機について探ろうとし始めるなら、患者の抵抗との本物の闘いが始まるのである。

わたしたちが考察している娘の場合には、冷ややかな留保を生みだしていたのは、ここに述べたような医者に対する疑問ではなく、父親への復讐心という激しい情動的な動機であった。そのためすでに述べた精神分析の二つの段階が現れ、その第一段階では、これほどまでに完全で見通しの良い成果がえられたのである。またこの娘においては、分析医への転移のような現象がまったく現れていないように思われた。しかしそのようなことは意味のないことであり、せいぜい不正確な表現であるにすぎない。分析医との間には何らかの関係が生まれないわけにはいかないのであり、分析医との関係はその多くが、幼児的な関係の転移したものとなるのである。

実際に彼女は父親によって幻滅を味わわされた後に、男性を徹底的に拒否するという姿勢をとってきたのであり、その姿勢をわたしに転移したにすぎない。男性に対する憤慨の念はすぐに分析医において満足させられるのである。ただし患者が分析医に激しい感情をぶつけるというのではなく、分析医の試みをすべて空しいものとしてしまい、病気にしがみつくことによって、このような怒りの気持ちを満足させるのである。

父親への転移

わたしはこれまでの経験から、患者によるこのような無言の戦術がもたらす症状を患者自身に理解させることが、そして治療に悪影響をもたらさない範囲で、このような過剰なまでの潜在的な敵意を患者に意識させることが、どれほど困難なものであるかをよく知っている。

そこでわたしは父親に対する娘の敵意を見抜くとすぐに、分析治療を中断して、まだこうした治療に意味があると思うのであれば、女性の分析医にかかった方が良いと助言した。娘は父親に例の「女性」とのつき合いをやめると約束していたが、動機づけがはっきりしているわたしの助言を、聞き入れたかどうかは分からない。

この娘の分析において一度だけであるが、父親に対する積極的な転移とみられるものが確認された。これはもともとは激しいものであった父親への惚れ込みが、きわめて弱められたものとして再現したのだと考えることができた。ただしこの転移の表出には別の動機が加わっていた。わたしがここでそれについて言及するのは、これが方向は異なるが、精神分析の技法に関連した興味深い問題を提起しているからである。

治療が始まってからしばらくして、娘はある一連の夢をわたしに物語ってくれた。これらの夢は当然ながら歪曲を受けていたが、正確に夢の言語で語られていたものであり、安易にそして確実に翻訳できるものであった。そして解釈した結果は注目すべきものであった。それらの夢は分析医の治療によって、娘が倒錯から回復することを予言していたのである。これによって娘の今後の人生に明るい展望が開かれたことに喜びを表明していたし、男性に愛されて子供を産みたいという憧れを表現していた。これは望ましい回復に向かった変化の喜ばしい前段階と解釈できるものであった。

ところが覚醒しているあいだの彼女の発言は、これとは正反対のものであった。彼女は、自分は結婚したいと思っているが、それは父親の横暴から逃れて自分の本来の素質に従って生きるためであると、わたしに隠さず説明したのである。彼女はいくらか軽蔑するかのように、男性にはもう飽き飽きしたと語った。そして彼女が崇拝している女性の例を挙げながら、人間は男性と女性の両方と性的な関係を同時に持つことができると主張した。

おもねった夢と分析家の反論

わたしはちょっとした印象を手がかりに、ある日、次のように彼女に言ってみた。「わたしはあなたの夢を信用していません。あなたの夢は嘘をついているのか、わたしにおもねっているのです。そしてあなたが父親を騙したように、その夢でわたしを騙そうとしているのです」。わたしの考えは正しかった。わたしがこのような解釈を語ってからは、彼女はこうした夢を見なくなったのである。わたしの考えるところでは、こうした夢にはわたしを欺こうとする意図だけではなく、わたしの好意をえたいという気持ちも含まれていたのである。こうした夢の背後には、それによって自分に対するわたしの好意と興味を掻き立てておいて、あとでそれを使って徹底的にわたしを幻滅させようとするひそかな意図が潜んでいたのである。

わたしがこのように、夢のうちにも嘘をついて歓心を買おうとする夢というものがあると主張すると、分析家を自称する人々のうちに、絶望のあまり憤慨の嵐が巻き起こるのではないだろうか。それらの人々は、それでは無意識も嘘をつくというのか、わたしたちの心的な生活の真の意味での核心であり、わたしたちの哀れな意識よりもはるかに神に近い存在であるわたしたちの無意識もまた嘘をつくというのか、それではいったい何を土台にして分析を解釈すればよいのか、わたしたちの認識の確実性は何を土台にすればよいのか、と言われるかもしれない。

このような異議申し立てに対しては次のように答えるべきだろう。このような嘘つきの夢というものがあることを認めることは、驚愕を招くほどの新しい出来事ではあるまい。人間が神秘的なものを求める願望はたしかに癒《いや》しがたいものであって、「夢解釈」のために神秘主義から奪い取られた領域を、ふたたび神秘主義のために取り戻そうとする試みが絶えずなされているのである、と。

ただしわたしたちがここで検討している事例は、ごく単純なものである。夢は「無意識」などではなくて、前意識あるいは覚醒時の生活の意識においては置き去りにされていた思考が、眠りという好ましい状態のおかげで、そこに入り込むことができた形式なのである。睡眠状態にあってはこの思考は、無意識的な願望の動きによって支えられているのであるが、その際に「夢の仕事」によって歪曲を受けているのであり、この夢の仕事は無意識の領域で働いているメカニズムに規定されているのである。この娘はこの夢について語るときにいつも父親にしているのと同じように、わたしを欺こうとしたのだが、その意図は意識的なものではなかったとしても、前意識からやってきたものであることはたしかである。

彼女のこうした意図は、父親あるいは父親の代用物に気に入られたいと願う彼女の無意識の欲望の動きと結びつくことが貫徹され、それによってこうした嘘つきの夢が作り上げられたのである。父親を騙そうとする意図と、父親に気に入られようとする意図は、どちらも同じコンプレックスに由来するものである。父親を騙そうとする意図は、父親に気に入られようとする意図を抑圧したことによって生まれたものであり、この父親に気に入られようとする意図は、夢の仕事を通じて父親を騙そうとする意図に還元されるのである。だからこのような夢が語られたからといって、無意識の名誉が失墜するわけではないし、わたしたちの分析の結果に対する信頼感が低下するわけでもないのである。

愛情の謎

わたしはこの機会を借りて、ある事実に大きな驚きを感じたことを語っておきたいと思う。その事実というのは、人間は自分たちの愛情生活の大きな部分を、しかも時にはきわめて重要な意味のある部分を、ほとんど気づくこともなく、あるいは時にはいささかも予感することなく経験しているということである。それを意識したとしても、それについて根本的に誤った判断を下していることも多いのである。こうした現象は神経症においては馴染みのものであるが、神経症だけではなくごく日常的な生活においても発生しているのである。

わたしたちが考察しているこの事例では、この娘は同性の女性に夢見心地の恋心を抱いていたが、両親はそのことに腹を立てたものの、そのことを決して真面目に考えようとはしなかった。また当の娘も、このような同性の女性への心酔によってどれほど大きな不都合があるかは知っていたものの、こうした激しい恋着の心がどれほど大きな激情を生みだすかは、よく分かっていなかったのである。

ところがある不都合な出来事のために彼女が［自殺の試みという］過剰な反応を示したために、このような荒々しい情熱の強さは大きな問題を引き起こすことが、誰の目にも明らかになったのである。こうした心の激しい嵐が生まれるにはどのような前提条件が必要だったかについては、彼女はまったく考えたこともなかったのである。

わたしはかつて重い鬱状態にある少女や女性たちに、そうした状態がどうして生まれたのかと尋ねたことがあるが、彼女たちはこの問いに対して、［鬱状態になる前に］自分はある人物にちょっと関心を持ったことがあるが、それほど深いものではなく、その関心が報われなくて諦めなければならなくなった後では、すぐにそのような関心を持つのをやめたと答えたものだった。ところがこのように一見するとたやすく耐えることができたというその諦めこそが、彼女たちの重い障害の原因になっていたのである。

あるいは女性たちと表面的な愛情関係を持っていた男性たちが、こうした愛情関係に終止符を打った後で、当人に起きた現象によって、本人がそれほど重要視していなかったはずの愛情の対象に、どれほど情熱的な愛情を抱いていたかが明らかになるようなこともある。また、後悔も躊躇もせずに妊娠中絶をして、愛情によって孕んだ子供を殺してしまった後で、自分では予想もしていなかった影響が生じて、驚かされることもある。

文学者たちはよく、自分がその人を愛しているのにそのことに気づかない人物とか、自分がそもそもその人を愛しているかどうかが分からない人物とか、自分がその人を愛しているのに、憎んでいると思い込んでいる人物などを描いてみせるが、こうした文学者たちの描写には正しいところがあることを、認めねばならないだろう。わたしたちが自分の性愛生活について意識においてうけとる情報は不完全であり、穴だらけであり、あるいは偽りだったりするのである。ただしこれまでの説明においては、忘れられていたことも補ってあるのは当然である。

四

精神分析の総合の手続きの欠陥

さて中断していたこの症例についての議論に戻ることにしよう。これまで少女のリビドーを、通常のエディプス・コンプレックスの体制から同性愛の体制へと導いていった力について概観し、さらにその際に歩んだ心的な道程について概観してきた。彼女を動かしてきたこれらの力のうちでもっとも重要なのは下の弟の誕生がもたらした印象だった。そうしてみるとこの娘の事例は、後天的に獲得された対象倒錯として分類するのが、適切であると思われる。

ただしここでわたしたちは心的なプロセスを精神分析によって解明した多くの実例で直面する特殊な状況に注目しなければならない。ある心的なプロセスの発展について、その最終的な結果から遡る形で追跡していくと、一本の因果的な線のようなものが目に浮かぶことがあり、そうした洞察が完璧なものと思われてくることがある。ところがこれとは逆の進み方をして、分析の前提となった現象から出発して、その事例の心的な発展の最終段階まで追いかけていくと、ほかにはありえないというこうした必然的な因果関係が存在するという印象はまったく失われてしまうのである。そしてわたしたちはただちに、これとは別の経過を辿ることもありえたはずであるし、このような別の成り行きというものも十分に理解でき、説明することができることに気づくのである。

このように総合という手続きは、分析という手続きほど満足できるものではない。言い換えると、心的なプロセスについての前提に関する知識が手に入ったからといって、その結果がどのような性質のものになるかを予言することはできないのである。このことを受け入れるのは、気の滅入るようなことではあるが、その原因はすぐに理解できる。ある特定の結果を生みだすために決定的な役割を果したはずの病因論的な要因がすべて明らかになった場合にも、そしてわたしたちがそうした要因の性質に関わる特性を認識できたとしても、その相対的な強度については分かっていないのである。こうした性質に関わる特性のうちにはあまりに弱くて、他の性質によって抑圧されてしまい、最終的な結果においては考慮に入れられないようなものもある。

ところがこうした要因のうちのどれが弱く、どれが強いかをあらかじめ知ることはできない。わたしたちは最後までその力を失わなかった要因が強い要因であったと言いうるにすぎない。このように分析的な方向に進む場合にはつねに原因を確実に認識することができるのだが、総合的な方向に進む場合には、それをあらかじめ知ることはできないのである。

だからわたしたちは思春期において、エディプス・コンプレックス的な体制によって生まれた強い愛情の憧れが失望を味わわされた場合には、すべての少女が同性愛に陥ると主張するつもりはない。このような心的外傷に対してもっと違う反応を示す少女のほうが、はるかに多いだろう。そうであればこの娘の場合には、心的な外傷とは異なるもっと内的で特殊な要因が働いていたに違いないと考えられるのであり、そうした要因を指摘するのはたやすいことである。

よく知られているように正常な人間においても、愛情の対象の性別を決定するにいたるまでは、しばらく時間がかかるものである。思春期の後の数年間は男性においても女性においても、同性愛的な恋着や、過度に激しい官能的な色彩を持つ友情関係が生まれるのは、ごく普通なことである。

わたしたちの分析している娘もそうだったのであるが、彼女の場合にはこうした傾向が普通の人よりもはるかに激しく、しかも長くつづいた。さらに彼女の意識生活においては、後年の同性愛を予告するような先駆的な感情のあり方が支配的なものであって、エディプス・コンプレックス体制は無意識の中へと姿を消し、すでに述べたような小さな男の子をかわいがるといった形で現れただけだったのである。また、学校に通っていた頃に彼女は長いあいだ、とても厳しい女教師に愛着を感じていたが、この女教師が母親の代用物であったのは明らかである。

この娘のリビドーの二つの水路

弟が生まれるはるか前から、そして父親から最初に叱責されるよりもずっと前から、彼女は若い母親たちに特別に強い関心を示していた。このようにしてみると彼女のリビドーはごく早い時期から二つの水路を流れていたことになる。このうちの表面的な水路のほうは、ためらいもなく同性愛的なものであると呼ぶことができよう。これは娘が幼年期に母親に固着していた頃から、そのまま直接に受け継いだ水路であっただろう。わたしたちが精神分析において発見したのは、もっと深いところにあった異性愛的なリビドーの流れが、適切なきっかけをえて、もっとはっきりとしていた同性愛的なリビドーの流れに合流したプロセスであったに違いないだろう。

さらにわたしたちの分析によって明らかになったのは、この娘が子供の頃から強い「男性性コンプレックス」を持ちつづけていたということである。娘は活発で喧嘩好きで、それほど年上ではない兄の後ろに隠れているつもりはまったくなく、すでに説明した性器比べの後では、強いペニス羨望を持ちつづけていた。そしてその名残が彼女の思考を長く占領しつづけたのである。

彼女はもともといわばフェミニストであって、少女が少年と同じ自由を享受できないのは不公平であると考えていて、女の運命のようなものは受け入れようとしなかった。精神分析によって治療をしていたあいだには、妊娠や出産に嫌悪の情を示したが、おそらくそうしたことによって身体の線が崩れるためだったろう。彼女の少女らしいナルシシズムは、このような防衛のうちに退却しており[*9]、自分の美しさを誇るという方向には進まなかったのである。

さまざまな兆候から考えて、彼女は以前に強い窃視欲望と露出欲望を持っていたようである。病因論において後天的な要因の強さを無視しない人であれば、娘のこのような態度は、母親への強い固着のうちにありながら、母親から冷たくあしらわれたことと、兄と性器比べをしたことの両方の経験が結びついたものであることを認めるだろう。この場合にも体質的な特性として解釈されがちなものを、早くから外的な影響によって生じたものに還元するという可能性もあるわけである。そしてこのような病因論的な後天的な素質も（それが実際に後天的に獲得されたものだとして）、その一部は先天的な素質に還元することができよう。このようにわたしたちが理論においては遺伝と後天的な素質という対立関係において考えるものも、観察においては混合して一体のものとなっていることがあるのである。

これまで行ってきた精神分析では、この娘の事例は後天的に獲得された同性愛の事例であると暫定的には結論されるが、入手できた素材について新たに点検したところ、むしろこれは先天的な同性愛であって、多くの場合に見られるように、思春期の後になってそれが固着し、外に現れてきたものであるという結論にいたるのである。このような分類はどれも、観察によって確認された事態の一部にしか該当しないものであり、その他の側面は無視されてしまうのである。だからこうした問題設定には、それほど大きな価値がないと考えるのが適切なのである。

同性愛の謎

同性愛を扱っている文献では、対象選択の問題と、性的な特徴や性的な体制の問題はそれほど明確に分離して考えられていないことが多い。そしてその片方について決定を下すと、別の問題も同時に決まってしまうかのようにみなされている。しかし経験ではその反対が正しいことが分かっている。たとえばきわめて男性的な特徴を持ち、性生活においても男性的な類型に分類される男性が、愛情の対象を選ぶ時には倒錯的になり、女性ではなく男性しか愛さないこともありうるのである。

性格からみて女性的な特性をはっきりと示している男性が、恋愛関係においても女性のように振る舞っているならば、このような女性的な態度から判断して［同性愛者であって］、男性を愛情の対象として選ぶはずだと考えられるかもしれないが、こうした男性が異性愛者であって、愛情の対象を選択する際に正常の男性と同じように振る舞い、まったく倒錯を示さないことがある。

女性についても同じことが言える。女性の場合にも心的な性的特徴と対象選択が、つねに一定の関係を示すとは限らない。だから同性愛の持つ謎は、一般に語られるよりもはるかに複雑なものである。［同性愛を説明するために］女性であれば、男性を愛するのが当然であるのに、不幸にも男性の身体のうちに女性の心が宿っていたから、同性愛になったのだと説明したり、男性であれば女性に惹きつけられずにはいられないはずなのに、不幸なことに女性の身体のうちに男性の心が閉じ込められていたから、同性愛になったのだと、説明することはできない。

同性愛の背後にある三つの系列

むしろここには次のような三つの系列が存在していると考えることができる。

身体の示す性的な特徴(肉体的な両性具有)

心の示す性的な特徴(男性的な体制と女性的な体制)

性愛対象の選択の仕方

これら三つの系列の性格はある程度までは独立して変化するものであり、また人ごとに多様で、複雑な順序で配列されるのである。

同性愛に関する文献では、実際的な動機から、素人の注目しがちな第三の要素である性愛対象の選択に重点を置き、さらにこの対象選択と第一の身体的な要因の緊密な結びつきを誇張して示すことが多い。そのためこれまで述べてきたような全体的な事情についてては、洞察しにくくなっているのである。またこうした文献は、精神分析によって発見された二つの重要な事実を否定することが多く、同性愛という名前で一括して呼ばれている現象についての洞察を深めることを妨げている。

精神分析によって発見されたこれらの二つの事実とは、まず同性愛的な男性は、特に母親への強い性的な固着を経験しているということであり、第二に普通の人は誰でも、顕著な異性愛の傾向のほかに、かなりの程度の潜在的な同性愛あるいは無意識的な同性愛の傾向をそなえているものであるということである。これらの事実を考慮に入れれば、自然の気まぐれによって「第三の性」が作られたなどという想定はありえないことになる。

精神分析は同性愛の問題を解決するという任務を負っているわけではない。精神分析においては、対象選択において何が対象とされるかを決定する心的なメカニズムを解明しながら、このメカニズムから欲動の素質に向かって進む道を明らかにすることで満足しなければならない。精神分析の任務はここまでであり、残った任務は生物学に委ねられることになる。

生物学による同性愛の研究

　生物学の分野では、現在ではシュタイナッハの研究によって、すでに述べた第二と第三の系列が第一の系列によってどのような影響をうけるかを解明する重要な仕事が行われている。[*10]精神分析は生物学とともに、人間の個体が動物と同じように、根源的な両性具有の特性をそなえていることを前提としている。しかし精神分析では、慣習的な意味でも生物学的な意味でも、「男性的」とか「女性的」と呼ばれているものの本質を解明することはできない。精神分析においてはこれらの二つの概念をそのまま受け入れて研究の基礎にするしかないのである。

　精神分析ではさらに還元を進めて、「男らしさ」を能動性の概念によって考え、「女らしさ」を受動性の概念によって考えようとするが、こうした〈希薄化〉によって分析がそれほど進むわけではない。精神分析によって可能なわずかばかりの解明作業の力で、対象選択における倒錯についての改善のきっかけが期待できるとして、そのような期待がどこまで許容できるものであるか、あるいはこれまでの経験によってどこまで確認されているかについて、これまでの議論で考察しようとしてきたわけである。シュタイナッハが手術によって個別に実現しようとした重要な変化と比較して、精神分析によってどれほどの治療効果がえられるかを考えてみれば、ごくわずかな成果しか挙げられないと言えるだろう。わたしたちが対象選択の倒錯に対して一般的に使うことのできる「治療法」を確立できると考えるならば、それは性急な、そして有害無益な誇張と言うべきであろう。シュタイナッハが手術で治療に成功した男性の同性愛の一部の事例では、顕著な身体的な「両性具有」の特徴がそなわっていたが、このような望ましい条件がつねに存在しているとは限らないのである。さらに同じような方法で女性の同性愛を治療できるかどうかは、今のところ見当もつかない。

女性の同性愛を治療する手術が、両性具有と見られる卵巣を除去して、望ましいとされる他人の単性的な卵巣を移植するというものであれば、そのような手術が実際に行われる見込みはほとんどないだろう。自分を男性と感じ、男性のように女性を愛してきた女性が、「手術によって両性愛から単性愛の女性に変えられたとしても」おとなしく女性の役割を演じることに甘んじるようなことはないだろう。ましてやこのような有利とは言えない性転換によって、母性を断念しなければならないとすればである。

原注

＊1　わたしには「エレクトラ・コンプレックス」という用語を採用することにそれほど意味があるとは思えないし、この用語を使用することを推奨したいとも思わない。

＊2　I・ザートガー「性的倒錯についての年次報告」(『精神分析年鑑』第六巻、一九一四年)およびその他の文献を参照されたい。

＊3　わたしたちが自分自身を愛情の対象と同一化することによって、愛情関係を中断してしまうことはまれなことではない。これはナルシシズムの段階へのある種の退行とみなすことができる。それが起こるとその後で、新しい対象選択のときに以前と反対の性を選び、それにリビドーを備給するということが起こりやすくなる。

＊4　ここで記述したリビドーの移行は、神経症患者の病歴の研究によって、精神分析では周知のものである。ただし神経症患者においてはこうした移行の現象はごく幼い頃、すなわち愛情生活が最初に開花する時期に起こるものである。ところが神経症とはまったく無縁のわたしたちの患者においては、この現象が思春期を迎えた頃に発生したのである。もっともこの娘においても、神経症患者と同じように、この現象はまったく無意識的なものであった。しかしこの移行が思春期に起きたということは、非常に重要な意

味を持つものであることがいずれ明らかになるのではないだろうか。

＊5　リビドーを固着させるメカニズムのうちで、このような衝突の回避が同性愛の原因となりうることについては、これまでまったく言及されたことがないので、これに類似した精神分析の観察結果をここで言及しておくことにしよう。これには特殊な事情があって、非常に興味深いものとなっているのである。わたしはかつて、非常に強い性的欲動をそなえた双子の兄弟に出会ったことがある。

兄のほうは女運に恵まれ、既婚の女性や若い娘たちと数え切れないほどつき合っていた。弟のほうも最初は同じような道を歩んでいたが、やがて兄がつき合っている人々と出会うようになると、双子でそっくりな兄と見間違えられて、きわどい場面を経験するようになり、それが不快になったのだった。そこで彼は同性愛者になることによってその窮地を脱したのである。彼は兄に女性たちを譲ることで衝突を「避けた」のである。

また別の事例である若い男性を治療したことがある。この男性はアーティストで、顕著な両性愛的な素質を持っていた。この男性において同性愛が始まったのは、仕事がうまくゆかなくなった頃であった。そして愛する女性と仕事の両方を投げ捨てたのである。分析によってこの男性は女性関係と仕事への愛情を取り戻すことができたが、この二つの面で彼の障害となっていた心理的な要因は、そして彼に女性と仕事の両方を投げ捨てさせた心理的な要因は、父親に対する畏怖の念であることが明らかになった。

彼は心の中ですべての女性は父親のものだと考え、父親との諍いを避けるために、男性を愛するようになったのである。同性愛を選択するこのような動機は、多くの事例で確認できると思われる。人類の歴史の原初の時代においては、すべての女性は原初の部族の首領であり父親である人物のものだったのではないだろうか。

双子ではない普通の兄弟姉妹においても、対象選択に限らずさまざまな分野で、このような「回避」が大きな役割を果たしているのである。たとえば兄が音楽家の道に進んでいて、周囲の人々もそれを是認しているとしよう。その場合に弟は音楽家としては兄よりも優れた素質を持っていたとしても、そして音楽に憧れを持っていたとしても、音楽の勉強を途中でやめて、周囲の者がいくら説得してももはや楽器に触れることさえしなくなるようなことがある。これはごく頻繁にみられる現象の一つに過ぎない。親しい人との競争を受け入れるのではなく、これを避けようとする動機を調べてみると、非常に複雑な心的条件が発見されることが多いものである。

＊6　フロイト「男性における対象選択の特殊な類型について――〈愛情生活の心理

学〉への寄与（二）」を参照されたい［本書所収］。

＊7　自殺がこのような性的な願望の充足のための手段となることは、精神分析においてはずっと前から明らかにされてきた。毒を盛るということは妊娠することを意味するし、溺死させるということは産むことを意味するし、高いところから落ちるということは分娩することを意味するのである。

＊8　フロイト「戦争と死に関する時評」（『イマーゴ』第四巻、一九一五年）参照［フロイト『人はなぜ戦争をするのか』中山元訳、光文社古典新訳文庫、所収］。

＊9　『ニーベルンゲンの歌』におけるクリームヒルトの告白を参照されたい(1)。

＊10　A・リプシュッツ『思春期腺とその作用』（E・ビルヒャー、ベルン、一九一九年）参照。

訳注

（1）クリームヒルトはある日、鷲に身体を引き裂かれる夢をみた。母親に夢のことを語ると、母親は彼女に、鷲というのは夫にする男性のことだと教える。するとクリームヒルトは、「私は一生涯、男のかたの情けをうけようとはおもいませせぬ。／殿御の情けのために災いなどうけたりしないように、／このまま死ぬまで浄《きよ》いからだで過ごすつもりでおりまする」（『ニーベルンゲンの歌　前編』相良守峯訳、岩波文庫、一〇ページ）と語るのである。

エディプス・コンプレックスの崩壊（一九二四年）

崩壊プロセス

幼児期初期の性的な発展段階における中心的な現象として、エディプス・コンプレックスの重要性がますます明確になってきたが、このコンプレックスはいわば抑圧されることによって崩壊し、性の潜伏期に移行する。ただしエディプス・コンプレックスがどのようにして崩壊するかは、まだ解明されていない。精神分析では、突発的に苦痛を伴う失望が襲うことで、このコンプレックスが崩壊することを明らかにしてきた。

少女の場合には、自分が父親のお気に入りであると信じていたのに、父親からその思い込みを厳しく正されて、天国から墜落する。少年の場合には、母親が自分のものだと思っていたのに、母親の愛情と心配りが自分ではなく、新たに生まれてきた赤子に向けられるという経験をする。こうした苦痛な経験は、コンプレックスの内容と対立するものであるが、不可避なものであり、このことを考えると、この影響の重要性が深まるのである。

ここに実例として述べたような突然の失望を経験しない場合にも、期待していた満足が充足されなかったり、自分が欲しがっていた子供を産めないことが明らかになると、これらの小さな恋人たちは、叶えられない愛着に背を向けるようになる。エディプス・コンプレックスは、それが実現されないことによって、それがもともと不可能なものであることを経験することによって、崩壊するのである。

もう一つの考え方は、永久歯が生え始めると乳歯が抜け落ちるように、消滅すべき時期が到来すると、エディプス・コンプレックスは自然に崩壊せざるをえないと考えるものである。エディプス・コンプレックスは、ほとんどの子供が個別に経験するものであるが、これは遺伝によって決定され、定められた現象であり、あらかじめ定められた次の発展段階が到来すると、プログラムに従って消滅せざるをえないと考えるわけである。この見解を採用すれば、エディプス・コンプレックスがどのようなきっかけで崩壊するか、こうしたきっかけを発見できるかどうかは、重要な問題ではなくなるのである。

この二つの見解は、どちらも十分な根拠をそなえているが、これらをたがいに調和させることができる。個体発生的な見地は、広範な系統発生的な見地と共存しうるのである。すべての個体は、誕生の時からすでに死ぬことが定められているのであり、器官の素質には、すでにそのことが書き込まれているだろう。しかし誕生の時からその個体にそなわっているプログラムがどのように実現されるのか、この素質が偶発的な障害をどのように利用するかは、興味深いところである。

去勢の脅し

最近はわれわれの研究も進み、子供の性的な発展は、性器が中心的な役割を果たす時期［男根期］まで進展することが理解されるようになった。しかしこの性器は男性の性器にすぎない。正確には、これはペニスであり、女性の性器はまだ発見されていないのである。この男根期は、同時にエディプス・コンプレックスの段階であり、これが最終的な性器体制にまでそのまま発展するのではない。これは消滅して潜伏期を迎えるのである。しかしこの男根期の終結は典型的な形で、規則的に繰り返される出来事に随伴して起こるのである。

子供（少年）が性器に関心を向けるようになったことは、自分の性器を絶えず手でいじるようになることで示される。そして子供は、大人たちがこうした行為を許さないことを経験しなければならない。明確さや乱暴さには差があるが、子供が重要なものと考えているこの器官を〈切り取ってしまいます〉という脅しが加えられるのである。多くの場合、このような去勢の脅しを加えるのは女性である。そして自分の権威を高めるために、父親や医者の名を借りて、〈きっと罰を加えてくださる〉と断言して脅すのである。あるいは、受動的にいじられる性器ではなく、能動的に〈罪〉を犯す手のほうを切ると告げることで、女性たちがこの脅しを象徴的に和らげる場合もある。

とくに頻繁にみられるのは、手でペニスをいじるからではなく、毎晩［おねしょで］布団を濡らし、汚すからという理由で、子供を去勢すると脅すことである。子供の世話をする人々は、夜間の失禁がペニスのいじりすぎによるものであり、その証拠だと考える傾向がある（おそらくこれは正しいのだろう）。いずれにせよ、寝床をいつも濡らすのは、成人の夢精に相当するものであり、性器的な興奮の表現である。この興奮のために、この時期の子供はマスターベーションに耽るようになるのである。

原初的な去勢の経験

そして、子供の男根期における性器的な体制は、この去勢の脅しによって消滅すると考えることができる。ただしすぐに消滅するのではないし、その後に影響を及ぼさないというわけでもない。少年は最初は、この脅しを信じようともしないし、従おうともしないからである。精神分析では最近、すべての少年が直面しなければならない二つの経験を重視するようになった。一つは、最初は時折にではあるが、その後はずっと、母親の乳房を奪われることである。もう一つは、腸の内容物を毎日排泄するように強いられることである。この経験によって、子供は自分にとって大事な器官を失うことに対する心の準備ができると考えることができる。しかしこの経験が、去勢の脅しと同時に行われることの意味については気づかれていないようである。この新しい経験によって子供は初めて、去勢の可能性を考え始めるのである――最初は戸惑い、いやいやながらであり、自分が観察したことの重大さを低く見積もろうと努力しながらではあるが。

去勢に対する子供の不信の念を最終的に消滅させる役割を果たすのが、女性の性器についての観察である。ペニスをもっていることを誇らしく感じている少年も、いずれは少女の性器のある場所を目にする機会をもつのであり、自分と似た存在であるはずの少女にはペニスがないことを認めざるをえなくなる。そしてペニスを失う可能性を理解するようになり、去勢の脅しがおくればせながら効果を発揮し始めることになる。

わたしたちは、去勢で脅す養育者のように軽率であってはならないし、この時期の子供の性生活は、マスターベーションに尽きると考えてもならない。子供は両親とのあいだで明らかにエディプス・コンプレックス的な体制に置かれているのであり、マスターベーションとは、このコンプレックスの一部である性的な興奮を、性器において放出する行為にすぎない。そしてその後の時期になっても、エディプス・コンプレックスのためにマスターベーションが重要な意味をもちつづけるのである。

子供の性的な満足の方法

エディプス・コンプレックスによって、子供は二通りの方法、すなわち能動的な方法と受動的な方法のどちらかで、性的な満足を確保することができる。能動的な方法は、男性的な方法とも呼べるものであり、ここでは子供は自分を父親と同一視することで、父親の立場に立って母親との関係を結ぼうとする。そのために父親が邪魔になるわけである。受動的な方法は女性的な方法と呼べるもので、子供は自分を母親の場所において、父親に愛されることを願う。この場合には邪魔になるのは母親である。

愛情をもった交渉において満足がえられる方法については、子供はごくぼんやりとした観念をもっているにすぎない。ただ、自分の器官に感じる感覚によって、子供はペニスがこれにかかわりがあると考える。その頃にはまだ、女性にペニスがないのではないかという疑いを抱く動機となるものは存在していなかった。しかし去勢の可能性を受け入れ、女性は去勢されたのだと信じるようになると、エディプス・コンプレックスに基づいた二つの性的な満足の享受の可能性は、両方とも失われるのである。どちらでも、ペニスを失う結果となるからである。男性的な方法では、［父親からの］処罰によってペニスを失うし、女性的な方法では、［母親のように去勢されているので］そもそもペニスはもてないからである。

エディプス・コンプレックスに基づいた性的な満足の享受が、ペニスを犠牲にしてしか得られないとすると、身体のこの部位に対するナルシシズム的な関心と、両親という対象に対するリビドー備給のあいだに葛藤が生じる。そしてこの葛藤においては、通常はナルシシズム的な関心が勝利を収める。そして子供の自我は、エディプス・コンプレックスから目を背けるのである。

エディプス・コンプレックスの放棄

すでに別の場所で、これがどのようにして起こるかについては説明した〔『自我とエス』参照〕。対象備給が放棄され、その代わりに同一化が起こる。自我に投射された父親または両親の権威は、自我において超自我の核を形成する。この超自我は父親から厳格な性格を受け継ぎ、近親相姦の禁止を永続的なものとする。これによって自我は、〔両親に対する〕リビドー的な対象備給を二度と繰り返さないようになる。

エディプス・コンプレックスに含まれるリビドー的な動きはその一部が脱性化されて昇華されるが、これは同一化における転換の際につねに発生するものと思われる。また一部は、本来の目的から阻害され、情愛の動きに転換される。この全体のプロセスは、少年の性器を維持し、性器が失われる危険性から少年を守るとともに、性器を麻痺させ、その機能が発揮できないようにする。これによって潜伏期が始まる、これで少年の性的な発達が中断されるのである。

自我がエディプス・コンプレックスから目を背けることを「抑圧」と名づけることに反対する理由はない。もっとも、後の時期の抑圧の多くは超自我の関与のもとで行われるのであり、超自我はこの段階ではまだ形成されたばかりである。しかしすでに述べたプロセスはたんなる抑圧ではなく、これが理想的な形で行われれば、このコンプレックスが破壊されると同時に、放棄されるのである。いつものように、ここでも正常なものと病的なもののあいだに明確な区別は存在しない。自我がこのコンプレックスの抑圧だけしか行えない場合には、このコンプレックスは無意識のうちにエスにとどまり、後年になってからその病的な作用を発揮することになる。

少女のエディプス・コンプレックスの問題

男根的な体制、エディプス・コンプレックス、去勢の脅し、超自我の形成、潜伏期の開始のあいだにこうした関係があることは、精神分析的な観察によって確認し、推測することができる。これによって、エディプス・コンプレックスは去勢の脅しを基礎とするものであるという考え方の正しさが示される。しかしこれで問題が解決したわけではなく、理論的な思弁の余地が残されている。これによってすでに獲得された結論が覆され、これに新たな光が当てられる可能性がある。

しかしこの新たな道に進む前に、これまでの考察において提起されたが、考察されなかった疑問に答える必要がある。それは、このプロセスは少年だけに適用されるものであることが、明示されていたのであるが、幼い少女では、こうした発達はどのようにして行われるのだろうかということである。

この問題についてのわれわれの資料は、(不思議なことに)はるかに不明確で、不備である。女性の場合にも、エディプス・コンプレックスと超自我が形成され、潜伏期が存在する。それでは女性にも男根体制があり、去勢コンプレックスが存在すると考えるべきだろうか。その答えはイエスであるが、それは少年と同じものではない。男女平等を求めるフェミニズムの要求は、これにはあてはまらない。男女の形態学的な差異は、心的な発展の差異として表現されざるをえないのである。ナポレオンの「「政治とは運命である」という」言葉を借りると、解剖学的な差異とは一つの運命なのである。

少女のクリトリスは最初はペニスと同じ役割を担うが、少女は男の子の遊び友達のものと比較して、これが「小さすぎる」と感じるようになり、この事実を不利として感受する。これは劣等感の根拠となる。しばらくは少女は、自分も大きくなれば、少年のように大きな〈道具〉をもてるようになるという期待で自らを慰める。ここに女性の男性性コンプレックスが発生する根拠がある。

少女は自分にペニスがないという事実を性別の特徴として理解せず、以前は同じように大きなものをもっていたが、去勢されてそれを失ったのだと、自分に説明する。そして自分にペニスがないという事実を、成人の女性に敷衍してあてはめることをせず、この男根的な段階の考え方に従って、成人女性には、男性のように大きく、完全な性器がそなわっていると想定するのである。このように、少年は去勢が実行される可能性を恐れるのに対して、少女はすでに去勢が実行されたことを事実として受け入れるという本質的な違いがある。

少女では、去勢不安が取り除かれているために、超自我の形成と幼児的な性器体制の消滅のための強力な動機が欠けることになる。少年と比較すると少女でこうした変化が発生するのは、教育や、愛されなくなるという外的な懸念などの結果によるところが多いようである。少女のエディプス・コンプレックスは、ペニスをもつ少年のコンプレックスよりも、はるかに分かりやすいものである。わたしの経験では、自分を母親の位置におき、父親に対して女性的な姿勢を示すという範囲を超える場合はほとんどないようである。

ペニスをあきらめることは、その代償を求める試みなしには、耐えがたいものである。少女は、象徴の方程式に従ってと言うべきだろうが、ペニスの願望から、子供の願望に移行する。少女のエディプス・コンプレックスは、少女のうちでもちつづけられている願望、すなわち父親から贈り物として子供をもらいたいという願い、父親のために子供を産みたいという願いで頂点に達するのである。

しかしこのような願望が満たされることはないので、エディプス・コンプレックスはゆっくりと消滅してゆくような印象を受ける。しかしペニスをもちたいという願望と、子供をもちたいという願望は、無意識のうちにしっかりと根を下ろし、女性が成長してその性的な役割を果たすようになる準備をしている。女性の性欲動にはサディズム的な要素が少ないが、これはペニスの発育不全と関連させることができるかもしれない。そしてこれが、直接的な性の営みの本来の目標が阻止され、それが情愛的な営みに変化する上で役立つのである。しかし全体的にみて、少女の発達段階についての理解は不満足なものであり、理解されない部分や影のままの部分が多いことは、認めざるをえない。

ここで説明したエディプス・コンプレックス、性的な萎縮（去勢の脅し）、超自我の形成、潜伏期の開始の時間的な関係と因果関係は、典型的なものであることは確信できる。しかしこうした典型的な関係だけが可能であると主張するつもりはない。これらの出来事の時間的な順序や、こうしたプロセスの相互的な関係における変化や差異は、個人の発達にとって非常に重要な意味をもつはずである。

O・ランクの「出産外傷」についての興味深い研究が発表されたため、少年のエディプス・コンプレックスは去勢不安によって消滅するというこの小論の結論は、議論を呼ぶものであろう。しかし現時点でこの問題を議論するのは時期尚早であると思われるし、この場所でランクの見解を批判したり評価したりするのは、ふさわしくないことであろう。

解剖学的な性差の心的な帰結（一九二五年）

論文発表のための序

わたしやわたしの学派の研究が進むにつれて、神経症の患者を分析するには、性生活の早期の開花期ともいうべき幼年期の初期にまで分析を溯らせる必要があることが、ますますはっきりしてきた。生得的な欲動の素質の最初の表現と、最初期の生の印象の作用を研究しなければ、成長してからの神経症の欲動の力を正しく理解することはできない。成熟期における変貌や重層化に目を眩まされることのないようにするためにも、これは必要なのである。

このような分析方法は理論的に有意義であるだけでなく、実践的にも重要である。これによって、わたしたちの精神分析の活動と、臨床的な意図から少しばかり精神分析を取り入れてみようとする医者との違いが明確に区別できるようになるからである。

こうした幼年期の分析は時間がかかり、困難なものである。そして、治療において受け入れられるとは限らない要求を、分析医にも患者にも突きつけることになる。また、この営みは、道標なしで暗闇の中を通るような試みである。ただしこれからの数十年間というものは、精神分析家の仕事が機械的なものとなったり、興味を掻き立てないものとなったりする危険はないことだけは保証できる。

次に発表する分析作業の報告は、一般的に妥当することが証明されるならば、非常に重要な意味をもつことになるだろう。あるいはさらに経験を積んで、それが一般に妥当するという証拠がえられるまで（そうした証拠がえられるとしてであるが）、研究結果の発表を延期してはどうかと思われるかもしれない。しかしこの段階でこの報告を発表するのは、わたしの作業条件に変化が生じたために、その意味を否定できなくなったからである。

以前はわたしも、新しい研究成果を手にしても、それを補強したり、その正しさを証明する事実が確認されるまで、それを手元においていたこともある。『夢解釈』や『あるヒステリー患者の分析の断片』（症例ドラ）は、ホラティウスの格言［詩は書き上げても「九年は置いておくべきだ」］どおりの九年間ではないとしても、四年から五年間は印刷を控えておいて、発表したものである。しかし当時はわたしにとっては時間は「時の大海」（わたしの好きな詩人の表現）のように果てしなく広がっているように思えたし、豊富な資料が次々と押し寄せてきたので、新たな経験を積まざるをえなかったのである。さらに当時のわたしは、この新しい分野において一人だけで研究を進めていたので、発表を控えても危険なことはなかったし、他人に迷惑をかけることもなかった。

しかしいまやすべての事情が変わってしまった。わたしに残された時間には限りがあり、そのすべてを仕事に費やすこともできない。新しい経験を積む機会も、それほど豊かに残されているわけではない。何か新しいものを発見したと思っても、それを確認するまで待てるかどうか、自信がなくなったのである。

さらに手近な場所で発掘できるものは、すべて発掘し尽くしてしまった。これからは深い場所から、時間と努力を費やして、引き上げなければならないのである。さらにわたしはもはや、この分野で一人で活動しているわけではなく、熱心な共同研究者たちが未完成の資料や、まだ検証されていない資料を利用しようと待ち構えている。わたしは、これまでは自分でやってきた作業の一部を、こうした研究者たちに委ねることができる。そこで今回は、それが価値があるものかどうかはまだ確認できないものの、緊急に追加的な検証が必要とされる問題を提起することにしたい。

少年のエディプス・コンプレックス

子供の性生活の最初の心的な構成について研究を開始した頃に対象としていたのは、いつも男児、すなわち幼い少年であった。その頃は、幼い少女でも事情は同じであり、どこかがわずかに違っているにすぎないと考えていた。しかし、少女のどの成長段階において、この違いが生じるのかは、どうしても明らかにならなかった。

少年のものとして最初に確実に認識できる発展段階は、エディプス・コンプレックス状況である。少年がこの状況で固着している対象は、それ以前の乳児期や幼児期において、まだ性器的なものとなっていないリビドーを備給していた対象と同一のもの［母親］であるため、この状況は理解しやすい。

この状況においては、少年が父親を邪魔なライヴァルとして感じ、これを排除し、これに代わりたいと考えるのは、現実の状況に基づいて、たやすく理解することができる。少年のエディプス・コンプレックス体制が男根期のものであること、このコンプレックスは去勢不安と、性器に対するナルシシズム的な関心によって崩壊することは、すでに別の場所で詳しく述べておいた。[*1] 分かりにくい要素があるとすれば、それは両性的な特徴のために、少年においてエディプス・コンプレックスが能動的なものと受動的なものという両義的な意味をおびるためである。少年は、自分を母親の位置に置き、父親から愛されることを望む場合がある。これを少年の女性的な姿勢と呼ぶことができよう。

少年におけるエディプス・コンプレックスの前史は、まだ完全に明白になったわけではない。この時期については、情愛の深さを伴って、少年が父親と同一化することが知られているが、これはまだ母親とのライヴァル関係という意味はもたない。この前史の別の要素として、わたしの考えでは、幼児性のオナニーがある。これはマスターベーション的な意味で性器をいじることであり、必ずみられる現象である。養育者は多かれ少なかれ、これを強制的に抑止するのであり、これが去勢コンプレックスを活性化させる。

このオナニーはエディプス・コンプレックスの一部であり、小児の性的な興奮を発散させるものと考えられる。これが最初からエディプス・コンプレックスに関係したものであるのか、それとも自然発生的な器官の活動として現れ、それが後にエディプス・コンプレックスと結びついたものであるのかは、まだ明確ではないが、第二の考え方のほうが適切だろう。

また、夜尿症と教育の干渉による矯正の役割については、まだ不明確である。わたしたちは単純な構成のほうが望ましいと考えているので、夜尿症が続くのはオナニーが行われるからであり、少年にとってはこれを抑圧されることは、性器の活動の制止として、すなわち一種の去勢の脅しとして受け取られると考えたいと思うが、それがつねに正しいかどうかはまだ不明である。

また精神分析によって、幼児期に両親の性交を盗み聞きすることが、最初の性的な興奮を引き起こし、それによる影響で少年の全体の性愛の発達プロセスが始まることが、おぼろげながら分かってきた。オナニーも、エディプス・コンプレックスにおける「受動的な姿勢と能動的な姿勢という」二つの体制も、その後に解釈された印象と結びつくのである。しかし、両親の性交を盗み聞きすることは、どの少年でも起こることではなく、ここに「原幻想」の問題が発生する。

少年のエディプス・コンプレックスの前史については、まだ多くのことが解明されていないのであり、つねに同一の経過を経るのか、それとも多様な前段階が存在しうるのであり、それが最終的には同一の地点に収束するのかは、これからまだ確認し、決定する必要がある。

少女のエディプス・コンプレックス

幼い少女のエディプス・コンプレックスは、少年の場合とは別の問題を秘めている。男児でも女児でも、最初の対象は母親である。だから少年がこの対象をエディプス・コンプレックスにおいても保持していても、なんら不思議ではない。しかし少女はどのようにして母親という対象を放棄し、その代わりに父親を対象とするようになるのだろうか。わたしは、この問題を考察しながらいくつかの結論を下すことができたが、これは少女におけるエディプス・コンプレックスの前史を理解する上で役立つはずである。

精神分析者であれば誰でも、父親への固着度がとくに激しく執拗なものとなっている女性に出会ったことがあるはずである。こうした女性の父親への固着が極端になると、父親の子供を産みたいという願望が生まれる。このような願望に基づいた空想が、こうした女性の幼児の頃のオナニーの原動力であったと想定するのは、根拠のあることである。これは子供の性生活の基本的な要素であり、それ以上は分解することのできない要素であるという印象を受ける。しかし、このような事例の分析をさらに深めてみると、別の事態に直面する。エディプス・コンプレックスはここでは長い前史をそなえていて、ある側面では二次的な形成物であることが確認されるのである。

少年と少女の去勢コンプレックスの違い

老小児科医のリントナーの指摘によると、赤子は恍惚をともなう吸引の際に（おしゃぶりの際に）、快をもたらす性器領域（ペニスとクリトリス）を発見するという。*2 子供が実際にこの快感の源泉を、最近失った母親の乳首の代わりとして受け取るかどうかについては、ここでは結論を下すのは控えるが、後年にみられる幻想（フェラチオ）は、これが正しいことを示すものかもしれない。要するに、性器領域はいつかは発見されるものであり、その最初の営みに、ただちに心的な内容を割り当てるのは根拠のないことであろう。

このようにして始まった男根期における最初の出来事は、このオナニーとエディプス・コンプレックスの対象を結びつけるものではなく、ある事実の発見である。この事実の発見は、幼い少女には決定的な重要性をもつ。少女は、兄弟や男の遊び友達には、目立つ大きな形をしたペニスがあることに気づく。そして少年のペニスは、自分の小さく、隠された器官［クリトリス］と同じものでありながら、もっと優れたものであることを発見するのである。そして少女はその時点から、ペニス羨望に陥る。

少年と少女の態度には、興味深い対立がみられる。これとは逆の場合、すなわち少年が少女の性器の場所を初めて見たときには、最初はあまり興味をそそられないような、曖昧な態度を示すものである。少年は何も気づかないか、あるいは自分の見たものを否定し、その印象を弱めて、知覚したものを自分の期待と一致させるための逃げ道を探すのである。後に去勢の脅しが影響を及ぼすようになって初めて、この観察が少年にとって意味のあるものとなる。

自分の観察したことを思いだしたり、再び観察したりすることは、少年に激しい感情をまき起こす。そして少年は、これまで信じようとしなかった［去勢の］脅しが現実的なものであることを信じるようになる。この状況からは二つの反応が生まれる。すなわち、［少女という］身体の一部を切り取られた存在に対して嫌悪感を抱くか、あるいは勝ち誇ったような優越感を感じるかである。この二つの反応は固着する可能性があり、これらは別個に、または合一して、あるいは他の要素とともに、女性に対する姿勢を長期的に決定することになる。しかしこのような事態は、少年にとっては(遠からぬ時期に訪れるとしても)まだ未来のことである。

しかし幼い少女にとっては、これは未来のことではない。少女はすぐに判断を下し、結論に到達する。少女はそれを〈見た〉のであり、自分にはそれがないことを知って、それを欲するのである。*3

ペニス羨望の三つの帰結

ここで女性の男性性コンプレックスは二つに分岐する。女性がこのコンプレックスをすぐに克服できない場合には、女らしい女性として成長する上で、非常に困難な問題に直面することになる。いつかペニスを獲得し、男性と同じような存在になろうという願望は、考えられないほど長い期間にわたって維持される可能性がある。そしてこの願望を考慮にいれなければ理解できないような特別な振る舞いを起こすことがある。

あるいはこれによって、わたしが否認と呼んでいるプロセスが生じる。これは子供の精神生活では稀ではないし、たいして危険なものでもない。しかし成人においてはこれは精神病を引き起こすかもしれないものである。少女は、自分が去勢されているという事実を否認し、自分はペニスをもっているとひたすら確信するのであり、その帰結として、男性であるかのように振る舞うことを強いられるのである。

ペニス羨望は、男性性コンプレックスの反動形成において解消されない限り、さまざまな帰結をもたらすのであり、その影響は重大である。女性は、自分のナルシシズム的な傷を認識するのであり、そこからいわば傷跡として劣等感が生まれてくる。女性は最初は、自分にペニスがないことを個人的な〈罰〉として説明しようとするが、やがてこの試みを克服して、これがすべての女性に共通の特徴であることを認識する。そこで「ペニスという」重要な器官が欠如している女性に対する男性の蔑視を共有し始める。この場合は女性は、女性が劣ったものであるというその判断において少なくとも、男性と同等になろうとするのである。[*4]

ペニス羨望がその本来の対象を放棄してしまった後も、それは存在しつづけるのであり、わずかに修正された上で、嫉妬という性格的な特性として存続することになる。

嫉妬は男女いずれかの性に固有の特性ではなく、もっと広い基盤に基づくものであるが、女性の心的生活においてとくに大きな役割を演じると考えられる。それは方向を変えたペニス羨望という源泉から、巨大な補強を受けるからである。このような嫉妬の由来を確認する以前にはわたしは、最初の時期には少女に頻繁にみられるオナニー幻想（「子供が叩かれる」）が生まれると考えていた。

この段階の幻想は、ライヴァルとして嫉妬を抱く別の子供が叩かれるべきであるという意味をそなえていた[*5]。この幻想は、少女の男根期の遺物と考えることができる。この幻想は、「子供が叩かれる」という単調な公式として表現されることが注目されるが、もっと別の解釈が可能なものだろう。叩かれる子供は、愛撫される子供であり、それは実際にはクリトリスそのものである。だからこの表現は、もっとも深い場所では、男根期の最初からその後の時期にいたるまでのマスターベーションの告白を含むものであり、それがこの幻想の形式に表現されているのである。

ペニス羨望の第三の帰結は、愛情の対象としての母親との関係が弱まることである。この状況はまだ十分に理解されていないが、ほとんどの場合、結局は自分にペニスがないのは、母親の責任だと確信するようになるようである。ペニスがないという不完全な状態で、自分を世界に送りだしたのは母親だというわけである。成長の歴史の順序でみると、まず自分の性器が劣ったものであることが発見され、次に母親が自分よりも愛しているようにみえる別の子供に対する嫉妬が生まれ、それによって母親との結びつきを解く動機が生まれることになる。この母親からとくに愛されている子供が、マスターベーションに終わる少女の幻想において、叩かれる最初の子供となっているとすれば、それはこの成り行きと一致するのである。

女性とマスターベーション

ペニス羨望、あるいはクリトリスがペニスよりも劣っているという発見には、ほかにも驚くべき作用があって、これはもっとも重要な帰結をもたらすことになる。わたしは以前、男性なら抵抗なくマスターベーションを逃げ道として活用しただろうと思われるような多くの状況において、女性は一般にこれに抵抗し、マスターベーションをうまく利用できないという印象を受けていた。この印象を一つの原則として表現しようとすると、これに合わない無数の事例に直面するようになることも理解できる。男性と女性の個人が示す反応は、男性的な特徴と女性的な特徴が混合したものであろう。しかし、女性の本性は、マスターベーションからは遠いものではないかという印象は残る。そしてここで提起された問題を解決するためには、少なくともクリトリスにおけるマスターベーションは男性的な営みであり、女性らしさが発達するためには、クリトリスでの性愛が行われなくなる必要があると考えるべきではないだろうか。

男根期の前史の分析によって明らかになったことは、少女にペニス羨望が発生した直後に、オナニーに抵抗する強い〈流れ〉が生まれるということである。そしてこれは、少女を養育する人物の教育的な効果だけによるとは考えにくい。このような動きは、思春期において少女から男性的な性愛の要素の大部分を取り除く役割を果たす〈抑圧〉の動きの前兆ともいうべきものである。これによって、女性らしさが発展する余地が生まれるのである。自体愛的な営みに抵抗するこの最初の動きが、目標を達成できないこともあるだろう。

わたしが分析した女性においても、こうした事例がみられた。これによる葛藤が続き、少女はオナニーの衝動から解放されるために、この時期だけでなくその後もあらゆる努力をするのである。女性が成長してから示す性生活における多くの表現は、この強い動機を認識しなければ、理解できなくなる。

少女がこのように男根期のオナニーに抵抗を示すことは、快感をもたらすこの営みが、それに付随するなんらかの要素のために、非常に不愉快なものとなると想定しなければ、説明できない。この要素を理解するのは、困難なことではない。それはペニス羨望と結びついたナルシシズム的な屈辱感であるはずである。ペニスに関しては少年と対抗することはできないのであり、少年と張り合うのは避けようと自らに警告するのである。解剖学的な性差を認識した幼い少女は、このような方法で男らしさや男性的なオナニーと別れを告げ、女性らしさを発展させる方向に進むのである。

女性のエディプス・コンプレックス

これまではエディプス・コンプレックスについては言及しなかった。この時点まではまだいかなる役割も果たしていないからである。しかしこの時点から少女のリビドーは、ペニス＝赤子というあらかじめ指定されたとしか言いようのない象徴方程式に従って、新しい位置に進んでゆく。少女はペニスへの願望を放棄して、これを赤子への願望に転換する。そしてそのために父親を愛の対象とするのである。そして母親は嫉妬の対象となり、少女から小さな一人の女性が誕生する。

めったにない例であるが、ある分析結果を信じることができるとすれば、このような新しい状況において、ある身体的な感覚が生じてくることがあるが、これは女性の性の装置がいちはやく目覚めたものと判断することができる。この父親への愛着が失敗して、後に放棄しなければならなくなると、これは父親との同一化に負けてしまう可能性がある。この父との同一化が起こると、少女は男性性コンプレックスに逆戻りし、場合によっては父親に固着することになりかねない。

男性と女性の解剖学的な差異

これで、本質的なことは語り終えたので、ここで立ちどまってこれまで確認できた成果を振り返ってみたい。われわれは少女におけるエディプス・コンプレックスの前史について洞察した。少年については、これに相当する前史はほとんど知られていない。少女では、エディプス・コンプレックスは二次的な形成物である。これに先だって去勢コンプレックスが形成され、これがエディプス・コンプレックスを準備するのである。エディプス・コンプレックスと去勢コンプレックスに関して、少年と少女の間で根本的な対立が生じる。少年のエディプス・コンプレックスは、去勢コンプレックスに直面して崩壊する。[*6]

これに対して少女では、去勢コンプレックスによってエディプス・コンプレックスが可能になり、形成されるのである。この矛盾した状況を理解するためには、去勢コンプレックスはつねにその主体において異なった形で働くこと、男性らしさを抑止し、制限する一方で、女性らしさを促進するものであることを考慮にいれる必要がある。男性と女性では、性の発達のこの段階で差異が生じるが、これは性器の解剖学的な差異と、これに結びついた心的な状況の差異によるものであることは十分に理解できる。この差異は、去勢が実現しているか、それとも脅しに終わったかという差異に対応するものである。したがってこうした考察は、基本的には自明なことであり、あらかじめ予見できたはずのものである。

エディプス・コンプレックスはこのように重要なものであるため、どのような方法でこのコンプレックスに陥り、またそれから抜け出したかは、その後の成長に影響を残さずにはいられない。「エディプス・コンプレックスの崩壊」という論文では（本論文で述べる内容は、すべてこの論文に依拠している）、少年においてはこのコンプレックスは単純に抑圧されることはなく、去勢の脅しのもとで文字通り破砕されることを指摘した。少年のリビドー備給が放棄され、脱性化され、その一部は昇華される。そしてその対象は自我に吸収され、それが超自我の中核となり、この新たに形成されたものの性格的な特性を提供するのである。

正常な場合、あるいはより適切に表現するならば理想的な場合には、無意識的なもののうちにすらエディプス・コンプレックスはまったく残らず、超自我がその跡継ぎとなっている。ペニスが（フェレンツィの主張するように）異例なほど高いナルシシズム的な備給をうけているのは、種の保存に役立つという器質的な意味によるものであり、エディプス・コンプレックスの崩壊という事態は、すなわち近親相姦からの防衛および良心と道徳の形成という事態は、個体に対する世代の勝利として理解することができる。神経症とは、自我が性の機能の要求に反抗することにあるのだと考えると、これは興味深い観点である。しかし個人心理学の観点から離れると、この錯綜した関係を解明することはできなくなる。

少女では、エディプス・コンプレックスを克服するための動機は存在しない。去勢がすでにその効果を発揮しているのであり、この効果によって少女はエディプス・コンプレックス的な状況に追い込まれているのである。このため少女のエディプス・コンプレックスは、少年が直面する運命からは免れている。少女はエディプス・コンプレックスを、次第に消滅させるか、抑圧によって解消するか、女性にとって通常の精神生活にまで、その影響を持ち込むことができるのである。

女性においては道徳的な基準が男性とは異なると主張するのは、躊躇されることであるが、しかしこの考えを捨ててしまうことはできない。女性の超自我は、男性で想定されるほど厳格なものでも、非個人的なものでも、その情動的な起源から独立したものでもない。これまで女性の性格の特徴として、女性は男性ほど強い正義感をもっていないとか、生活の重大な必然性に従う傾向が少ないとか、決定を下す際に自分の情愛感情や敵対感情に左右される傾向があるなどと批判されてきたものだが、すでに述べたような超自我の形成においてみられる違いに、その十分な根拠をみいだすことができる。

フェミニズムは、両性の完全な平等と同等性を主張するだろうが、こうした主張のために、判断を誤ってはならない。しかし大多数の男性は、理想的な男性像とは著しくかけ離れていること、人間の両性的な素質と遺伝による交配のために、すべての男性で男性的な性格と女性的な性格が混合しているのであり、純粋な男性らしさとか女性らしさというものは、理論的な構築物にすぎず、その内容が明確なものではないことは、われわれも喜んで認めることである。

これまで述べてきた解剖学的な性差の心的な帰結についての詳細な議論には、価値があると考えたいところであるが、この評価が適切なものとして認められるためには、多数の事例で確認された事実によって一般に検証され、さらにそれが典型的なものとして認められる必要があろう。そうでなければ、これは性生活の発達の多様な道についての知識のための一つの貢献にすぎないものとなる。

女性の男性性へのコンプレックスと去勢コンプレックスについて発表されている論文のうちで、アブラハムの論文「女性の去勢コンプレックスの表現形式」(『国際精神分析雑誌』第七巻)、ホルナイの論文「女性の去勢コンプレックスの発生について」(同、第九巻)、ヘレーネ・ドイッチュの論文「女性の性機能の精神分析」(『医学的精神分析のための新論叢』第五号)などは、内容のある優れた労作である。こうした論文には、本論文に近い内容のものもあるが、重複するものではないため、この観点からも、わたしはこの論文をここに発表する価値があると考えたのである。

原注

＊1　フロイト「エディプス・コンプレックスの崩壊」参照［本書所収］。

＊2　フロイト『性理論三篇』を参照されたい［フロイト『エロス論集』中山元訳、ちくま学芸文庫、所収］。

＊3　この機会に、数年前の主張を訂正しておきたい。以前は子供は、思春期の若者のように、性差によって性の問題に関心をもつのではなく、赤子がどこからくるかという問いによって、性に関心をもつと考えていた。しかしこれは少なくとも女児にはあてはまらない。男児の場合には、子供がどこからくるかによって性に関心をもつことも、性差の問題で関心をもつこともある。あるいは男児でも女児でも、人生の偶然的な出来事が決定的な要因となるといってもよいかもしれない。

＊4　「精神分析運動の歴史のために」（一九一三年）では、アドラーに対するわたしの最初の批判的な見解を述べ、これがアドラーの理論の真理の核心であることを指摘しておいた。アドラーは、すべてのものをこの点から、すなわち器官劣等性、男性的な抗議、女性的なあり方からの後退から説明することにいかなる懸念も抱かないし、性の重要性

を否定しながら、権力への欲望の重要性を強調しているのである。この理論では、疑問の余地なくその名前にふさわしい唯一の「劣等器官」とは、クリトリスであろう。他方で、「何十年も治療してきたが、去勢コンプレックスなどお目にかかったこともない」と自慢している精神分析者がいるという噂もある。見落としや見誤りを起こさせるというのも、［去勢コンプレックスの］巧みな技であり、去勢コンプレックスのこうした腕前には感服せざるをえない。

［アドラーの理論と、去勢コンプレックスを否定するこの］二つの理論は、興味深い対照をなしている。後者の理論では去勢コンプレックスはその痕跡も認められないと主張し、前者の理論では、去勢コンプレックスの帰結しか存在しないと主張しているのである。

＊5　フロイト「子供が叩かれる」参照［フロイト『自我論集』中山元訳、ちくま学芸文庫、所収］。

＊6　フロイト「エディプス・コンプレックスの崩壊」参照［本書所収］。

「文化的な」性道徳と現代人の神経質症（一九〇八年）

文化的な性道徳と自然的な性道徳

フォン・エーレンフェルスは、最近発表した「性道徳」[*1]という文章において、性道徳を「自然的な」性道徳と「文化的な」性道徳に分類している。この自然的な性道徳とは、種としての人間の生活力をつねに健康に保つものであり、文化的な性道徳とは、それを守ることによって人間が文化においてますます創造的な仕事を力強く進めていくことができるような道徳だという。

性道徳にはこのような二種類のものがあって、この二つの性道徳がある種の対立関係にあることは、一つの民族の素質的な側面と文化的な財産の側面を対立させて考えることで、明確に理解できると語られている。この意義深い対立についてさらに考察するのはフォン・エーレンフェルスの論文に委ねることにして、わたしはここで自分の考えを述べるのに必要な部分だけを、この論文から取りだしてみることにしよう。

文化的な性道徳が支配しているところでは、個人の健康と生命力がさまざまな形で損ねられる可能性があり、個人が受けるこのような損害が、個人に求められた犠牲のためにやがて大きなものとなり、このような回り道を通じて、最後には文化の究極目標も危機に陥るということは大いにありうることである。フォン・エーレンフェルスは現代の西洋社会を支配している性道徳によって生じているいくつかの害悪を指摘している。そしてこの現代の性道徳が文化の促進に大きく寄与したことを認めながらも、この性道徳には改善の余地があると考えているのである。

現代のわたしたちを支配している文化的な性道徳の特徴は、男性の性生活が女性の要求によって圧倒されており、法律によって認められた一夫一婦制の外部での性交渉がまったく禁じられていることにあるという。しかしもともと男性と女性には違いがあることが認められれば、男性の犯す過ちもそれほど厳しく罰するべきではないし、男性には事実として二重の道徳を認めてやらねばならないということになる。ところがそのような二重道徳を認めた社会においては、「真理への愛、公平さ、人類愛」という側面では[*2]、特定の狭く限られた限界を超えることができなくなり、社会の成員に対して真実をごまかし、物事を美化し、自分も他人もごまかさなければならなくなるのである。

文化的な性道徳のさらに重要な欠陥として、それが一夫一婦制を賛美するために、男性の淘汰という要因を弱めてしまうことが挙げられる。ところが生物学的な淘汰は、文化的な民族においてはヒューマニズムと衛生措置の発達のために、最低限度まで引き下げられているのであり、このような男性淘汰の力によるのでなければ、人類の体質を改善することができないのだという[*3]。

文化的な性道徳のもたらす害悪

このように指摘された文化的な性道徳のもたらす害悪については、わたしは医者としてそこに挙げられていない一つの害悪が存在することを指摘せざるをえない。そこでこの論文では、こうした害悪について詳しく検討してみたいと思う。すなわちそれは、この文化的な性道徳がもとになって現代の社会において急速に広まっている神経質症である。神経質症の患者はときに医者に向かって、患者の素質と文化が要求しているものが対立していることが、自分の病の原因であることに注意を促しながら、

「わたしの一家ではみんなが神経質症になっています。というのもみんなが自分の素性よりも優れたものになろうとしているからです」と語ったりすることもある。医者も日頃の観察から、素朴で健康な農村に暮らしていて、粗野ではあっても活力のある家族の一員が、やがて大都会にやってきて成功を収めたとすると、その家族の子供たちは神経質症になりやすいことに気づいており、これは大きな問題だと考えている。というのもこうした一家は、子供たちに短期間のうちに高い文化水準に到達させようと努力するためである。

何よりも神経質症を専門とする医者たちが声を大にして、現代の文明生活と「神経質症の増大」が結びついていることを主張しているのである。これらの医者が神経質症の原因が文化生活にあることをどのようにして説明しているかについて、優れた観察者たちの論文の一部を引用することで明らかにしてみたいと思う。

専門家の診断

まずW・エルプ[*4]の論文から。「最初に提起された問いは、すでに説明した神経質症のさまざまな原因は、現代の生活のうちに含まれているのであり、わたしたちの現代生活こそが神経質症の急増の原因を説明してくれるのではないかという問いである。そしてわたしたち現代人の生活と、生活のあり方を一瞥してみれば、迷うことなくこの問いに、まさにその通りだ、と答えることができるだろう。

「すでに一連の一般的な事実から、このことは明らかになっている。近代のもたらしたこれまでに例のない偉大な成果、あらゆる領域における発見と発明、競争が強まるにつれて絶えず進歩し続けなければならないという必要性。これらの事柄を実現するためには、巨大な精神的な労働が必要とされるのであり、こうした精神的な労働によらなければそれらを維持することはできない。そして個人は生存競争のために、ますます有能さを求められており、自らの持てる限りの才能を発揮しなければ、この要請に応えることができなくなっている。

また個人の側からの要求も強まっていて、あらゆる階層において豊かな生活を享受しようとする要求が高まっている。これまではこうしたものにまったく無縁であったはずの大衆層においても、前代未聞の贅沢に対する要求が浸透している。国民の広範な階層において、宗教の否定や欲求不満や貪欲の傾向が強まっているのである。交通が際限なく拡張され、国際的な電信電話網が発達したために、商取引の状況が一変している。あらゆることがせかせかと騒がしい興奮状態のうちで行われ、夜の時間は旅行に費やされ、昼の時間は仕事に費やされている。〈休暇の旅行〉ですら、わたしたちの神経に大きな負担をかけるようになっている。

政治的な危機、産業的な危機、そして経済的な危機が、かつてとは比較にならないほどの広範な社会層を、興奮のうちに巻き込んでいる。人々が政治に参加するのはもはや珍しいことではなくなっている。政治的、宗教的、社会的な闘争や政治党派の活動や選挙キャンペーン、そして果てしなく広がった労働組合の組織などが人々の頭を熱くしてしまい、わたしたちの精神は次から次へと新しい緊張を強いられ、休養と休息と睡眠のための時間が削られている。大都会における生活はますます洗練され、落ち着きのないものとなっている。

疲れ果てた神経はその疲れを癒すためにますます強い刺激を求め、ますます大きな享楽を求めるようになるが、それによってますます疲れるばかりである。現代文学が取り上げている主な問題は、人間のあらゆる情念を掻き立て、官能と享楽への欲望を煽り立て、すべての道徳的な原則とすべての理念を軽視するように促す危険きわまりない問題なのである。

現代文学は読者の目の前に、病的な人間や、精神病や性に関わる問題、革命に関わる問題、およびその他の問題を提起する。わたしたちの耳は、騒がしく厚かましい音楽を多量に供給されて興奮させられ、必要以上に刺激されている。劇場ではあらゆる感覚を掻き立てる出し物が観客を待っている。絵画や彫刻の作品も、嫌悪感を催すもの、醜いもの、刺激的なものを好んで題材として、現実において考えられる最も不快なものを、ゾッとするほどリアルに描きだすことにいささかの遠慮もないのである」。「わたしたちの現代文化の発展がこのようにさまざまな危険性を秘めていることは、こうした一般的な描写からも明らかになっている。これにいくつかの現代文化の実相を書き加えるならば、さらに完全なものとなるだろう」。

さらにビンスワンガーの論文。*5「神経衰弱はとくに現代的な病であると言われている。この神経衰弱について初めてその概略を描き出したビアードは、アメリカの土地だけで成長する新しい神経疾患を発見したのだと考えていた。もちろんこの仮説は間違っていた。しかしアメリカの医者が初めて、その豊富な経験に基づいてこの疾患の独特の特徴を最初に把握し、特定したという事実は、この神経衰弱という疾患が、現代生活と密接な関係を持つものであることを明らかに示している。あくせくと休む暇もなしに急ぎながら、金と財産を追い求める現代の生活、そして交通におけるあらゆる空間的および時間的な障害をたんなる錯覚であるかのように思わせる途方もない技術的な進歩、これらが神経衰弱という疾患と現代生活との密接な関係を示しているのである」。

またフォン・クラフト・エービングの論文。[*6]「今日の無数の文化的人間の暮らし方を調べてみると、衛生的でない要素が多いことがすぐに確認できる。これらの要因を調べてみれば、神経質症がますますとめどもなく蔓延していくのは当然であることが分かる。これらの有害な要素はまず何よりも人間の脳に働きかけるからである。文化的な先進国の政治的および社会的な状況、とりわけ商業的、工業的、農業的な状況は、この数十年のうちに大きく変動しており、そのために人々の職業や市民的な地位や財産状況が無理やり変えられてしまったのである。そしてこうした変動はわたしたちの神経組織に大きな負担を与えた。わたしたちに対する社会的および経済的な要求が高まるとともに、わたしたちの神経組織はますます緊張を強めざるをえず、十分な休養を取れないままにこうした緊張に疲れはてながらも、要求に応じなければならないのである」。

反論

わたしはこれらの意見やこれらと同じようなその他の多くの意見が間違っていると言おうとしているわけではないが、神経質症の障害という現象の細部を説明するには、これらの意見では不十分であり、とくにその病因という観点からみてもっとも重要な要素を見逃しているのは明らかである。

「神経質症の」あり方にはさまざまなものがあり、そのうちでも漠然としたあり方を除外するとして、神経質症の疾患の本来の形式に注目するならば、わたしたちに文化が及ぼす有害な影響のほとんどは、文化的に進んだ民族あるいは階層を支配している「文化的な」性道徳が、性生活を有害な形で抑圧していることによって生まれているのは明らかなのである。

わたしはこの主張について、すでに一連の専門的な研究論文において論証しておいた。[*7] それをここで繰り返すつもりはないが、これらの論文で述べたもっとも重要な論点について、ここで改めて確認しておこう。

神経質症の病因

わたしたちの綿密な臨床的な観測によって、神経質症の疾患の状態は狭義の神経症と精神神経症という二つのグループに分類できることが明らかになっている。狭義の神経症における障害状態（症状）は、身体機能において現れる場合にも、あるいは心的な機能において現れる場合にも、中毒性の性格のものであり、その現れ方は、神経系の毒物を過度に摂取したり、［日常的に摂取していて］それが欠乏した場合にみられるものとまったく同じである。こうした神経症は、神経衰弱として分類されることが多いものであり、遺伝的な負荷が加わらない場合にも、何らかの形で性生活が阻害されると現れるものである。その疾患の形態が、性生活が阻害されている状況に対応したものであるため、臨床像を見るだけですぐにその背後に特別な性的な病因が存在していることを指摘できるほどである。

ところが神経質症の疾患の形態と、これまで指摘してきたようなさまざまな著者が神経質症の病因としてあげている有害な文化的な影響とのあいだには、このような規則的な対応関係はまったくみられない。このようにして性的な要因こそが、こうした狭義の神経症の本来の病因であることを認めることができるのである。

これに対して精神神経症の場合には遺伝的な影響がはるかに大きな役割を果たしており、そのために病因を明らかにすることがさらに困難となる。しかし精神分析として知られるようになった独特な研究方法によって、ヒステリーや強迫神経症などといった精神神経症の症状は心因性のものであり、無意識の抑圧された観念コンプレックスの影響によって生じたものであることが明らかになってきた。そしてこのような無意識のコンプレックスもまた、一般に性的な内容のものであることが、同じ方法によって明らかにされてきた。これらのコンプレックスは、人間の性的な欲求が満たされないために発生したものであって、いわばその代用満足という意味をもつものである。そこで精神神経症の場合にも、性生活を阻害し、性的な活動を抑圧してその目標を変えさせているあらゆる要因が、その病因を作りだすものと考えなければならない。

神経質症の症状を示す患者においては多くの場合、中毒性の神経症と心因性の神経症の両方に由来する障害が観察されるものであるが、だからといってこの二つの神経症を理論的に区別することの価値が損なわれるものではない。

わたしは神経質症の症状の病因をとくに、性生活に与えられた有害な影響にみいだそうとするものであるが、この意見に同調してくださる方々であれば、神経質症の症状が増大していることについて、より広範な文脈において考察しようとする以下の議論に、好意的に耳を傾けていただけると思う。

文化と欲動の抑圧

一般的にわたしたちの文化は、欲動を抑圧することによって構築されてきたものである。人は誰でも、自分の所有するものの一部、自分の絶対権の一部、自分の人格のうちに含まれている攻撃的で復讐的な傾向の一部を断念してきたのである。共同の文化的な財産は、物質的なものにせよ理念的なものにせよ、このような個人の断念の上に築かれてきた。個人がこのように自己を犠牲にするにいたった原因としては、生活の必要のほかに、エロス的な感情に基づく家族感情のようなものが考えられるだろう。文化が発展するに応じて、このような断念がますます必要となったであろう。そしてこのような発展の一歩一歩が宗教によって公に承認されたのである。つまり断念された欲動の満足の一部が、神に犠牲として捧げられたのであり、これによって獲得された共同の財産が「聖なるもの」であると宣言されたのである。

生まれながらの素質のために譲歩することが嫌いであって、他の人と同じようにこのような欲動の抑圧を行うことができない人は、社会にとっては「犯罪者」あるいは「アウトロー」となるか、あるいはその傑出した才能や社会的な地位によって、自分を偉人や英雄として社会に認めさせるかのいずれかを選ばなければならないのであった。

この性的な欲動は、精神分析の研究によって、それが複数の構成要素によって、いわば部分欲動によって成立していることが明らかになっていることを考えれば、正確に言えば複数の性的な欲動というべきものであるが、これは他の高等動物よりも人間においてとくに強くなっている。動物においては欲動は周期的にしか強まらないが、人間においてはこのような欲動の周期性は完全に克服されて、恒常的なものになっている。そして人間の文化建設という仕事に大きなエネルギーを供給しているのが、この性欲動なのである。それが可能になったのは、性欲動には本質的にその強度を弱めることなく、目標を別のものに変えることができるという特性がそなわっているためである。本来は性的な性格のものであった目標を、性的ではないが、心的には同じような性格を持つ別の目標に変えることのできるこの能力は昇華と呼ばれている。性欲動の文化的な価値はこの目標の転換の能力によって生まれるのであるが、これとは対照的に性欲動は特に強い固着を引き起こすものであって、この固着のために性欲動は使い道のないものとなり、ときにはいわゆる病的な異常現象を呼び起こすこともある。性的な欲動が最初はどれほどの強さであったかは、おそらく人によって違うであろうし、そのうちどの程度の部分が昇華に向けられるかも、人によって違うのはたしかである。個人においてどのくらいの性欲動が昇華によって他の用途で使用できるかは、何よりもその人の生まれつきの素質によって決まると考えられる。さらに人生経験による影響や、心の装置が受け取った知的な感化によって、性欲動のさらに大きな部分を昇華に向けることも可能である。

ただしこの転換のプロセスを無限につづけることができないのは明らかである。そのことは熱の持つエネルギーを、人間の使う機械を動かす力学的なエネルギーに完全に転換することができないのと同じことである。ところがどのような人にとっても、ある程度の性的な欲動を直接的に満足させるのは必要不可欠なことであって、この最低限の性的な欲動が満たされない場合には（この最低限が、どの程度の大きさであるかは人によって異なるが）、機能障害が発生するか、主観的な不快感の惹起という観点からみて病的といわざるをえない現象が発生するのは、避けられないことである。

性的な欲動の発達プロセス

人間の性的な欲動はもともと種の繁殖を目指すものではなく、特定の種類の快感を獲得しようとするものであるという事実を考慮に入れると、新たな展望が開けてくる。[*8] この性的な欲動は、人間の幼年期から現れるものであるが、それは人間の性器だけではなく、性感帯と呼ばれるその他の身体的な部位においても、快感の獲得という目標を追求するのであって、それ以外の対象は、快の対象としては無視してしまうこともできる。

わたしたちは性欲動の活動のこの段階を自体愛の段階と呼んでおり、教育の力によってこの段階をできるだけ早く終わらせようとしている。というのはこの自体愛の段階に長くとどまりすぎると、後の段階でわたしたちが自分の性的な欲動が制御できなくなり、ほかの用途に使うのが難しくなる危険があるからである。

性的な欲動は自体愛から対象への愛へと発達し、性感帯における自給自足の状態から、性感帯が生殖という目標に支配された性器の部位に従属する状態へと発達していく。この発達のプロセスにおいて自分の身体から供給される性的な興奮は、種の繁殖という機能からみるとまったく無用なものであるため、抑圧されるか、うまくゆけば昇華のために利用されるようになる。このようにして文化を構築するために利用できるエネルギーの大部分は、性的な興奮のうちのいわゆる倒錯的な部分を抑圧することによって確保されるのである。

性欲動の観点からみた文化の三段階と性的な逸脱の発生

性的な欲動のこのような発展プロセスを考慮に入れて、文化についても三つの段階を区別することができよう。第一段階は、性的な欲動の活動が、種の繁殖という目標を無視しながら自由に行われる段階である。第二段階は、種の繁殖を目指す性的な欲動を除くすべての性的な欲動が抑圧される段階である。第三段階は、合法的な「一夫一婦制の」生殖活動だけが、性目標として容認される段階である。わたしたちの現在の「文化的な」性道徳は、この第三段階にふさわしい性道徳なのである。

これらの三つの段階のうちの第二段階を基準とするならば、特定の数の人々はその素質のために、この基準を満たすことができない。かなり多数の人々が、自体愛から対象への愛へと自分の性的な欲動を十分に正常に発達させていくことができないのである（この対象への愛の段階では、性器の結合を目標としている）。このように性的な欲動の発展が円滑に行われない場合には、正常なあり方、すなわち文化促進的な性的活動のあり方からの病的な逸脱が発生する。

この逸脱にはネガとしての逸脱とポジとしての逸脱がある。性的な欲動があまりに強くて、まったく抑えることのできない人を別とすると、こうした逸脱としてまず挙げられるのは、さまざまな種類の性目標の倒錯者であって、こうした［ネガとして逸脱した］倒錯した人々においては、幼児期にみられるように、性的な欲動が過渡的な性目標に固着していて、種の繁殖の機能の優位が実現できない状態にある。あるいは別の［ポジとしての］逸脱として同性愛者あるいは性対象倒錯者が挙げられるが、これはまだ明らかにされていないプロセスのために、性目標が異性に向かわない倒錯である。

これらの二種類の発達障害が、予想されたほど大きな害をもたらさないこともあるが、それは性的な欲動の構造が複雑なものであるためである。性的な欲動を構成している一つまたは複数の要素が、発達から取り残されても、どうにか使いものになる性生活の形態を作りだすことはできるのである。性対象倒錯者や同性愛者の中には、性的な欲動を昇華させて文化的な業績を達成する能力を、普通の人よりも多くそなえている人がいるが、これもそうした逸脱の一つの特色なのである。

いずれにしても目標倒錯や同性愛の傾向が激しく、とくにそれが排他的な形で現れる場合には、その人は社会的には使いものにならず幸福にもなれない。すなわち特定の数の人々にとっては第二段階の文化的な要求でさえ、苦痛の種となるのである。体質的にみてほかの人々と異なっているこれらの人々がどのような運命を辿るかは、その人の性的な欲動が生まれつき強烈であるか、それほど強くないかによって決まる。

性的な欲動がそれほど強くない人の場合には、その人は自分の倒錯的な傾向を抑えて、自分の所属する社会の文化段階が求める道徳的な要求と葛藤を起こさないようにすることができるだろう。しかしこうした倒錯的な人々にとって可能な唯一の文化的な業績とは、自分のこうした倒錯的な傾向を抑えつけるということだけである。というのも理論的に考えて、彼らは自分の性的な欲望を抑えつけるという仕事のために、本来であれば文化的な仕事のために振り向けることができたはずのすべての力を使い果たしてしまうからである。こうした人々は内的には自分で自分を阻害し、外的には力が萎えてしまうのである。わたしたちはいずれ第三段階に進んだ文化社会が、その社会のうちの男性と女性に要求する禁欲について検討するつもりであるが、こうした人々にも、そこで検討することが該当するのである。

性的な欲動がとくに強く、しかも目標が倒錯している場合には、その帰結として二つの場合が考えられる。第一の場合はその人はずっと目標倒錯者のままであって、文化水準からの逸脱によって生まれるさまざまな帰結を、すべて担わなければならない（これについてはこれ以上は考察しないことにする）。第二の場合はこれよりもはるかに興味深いものであって、教育と社会からの要請によって、その人はどうにか自分の倒錯した性的な欲動を抑えつけることはできるが、これは本来の意味での抑えつけというよりは、抑えつけの失敗というべきものである。

この場合には制止された性的な欲動はそのままの姿で現れることはないから、抑えることに成功したということはできるものの、その性的な欲望はもっと別な形で現れるのであり、それが当人にとって有害なものとなり、その人は社会的に使いものにならなくなってしまうのである。このようにして結果としてみれば、倒錯した性的な欲動は制止はしたものの、そのまま満たされてしまう場合と同じことになるのである。

だからこのような人にあっては、抑えつけの過程は失敗したのと同じであって、長い目でみれば、抑えつけの過程とひとときの成功を帳消しにしてしまうだけではなく、その成功よりも大きな失敗をもたらすことになる。このようにして性的な欲動を抑えて生まれるさまざまな代用現象こそが、わたしたちが神経質症の症状、特に精神神経症と呼んでいる疾患の本体なのである（精神神経症についてはすでに述べたところを参照されたい）。

神経症の患者とは、文化的な要求の圧力に影響されて、自分の性的な体質にもかかわらず自分の性的な欲動を抑える人々であるが、こうした抑えつけは見かけだけであって結局は失敗に終わるものであり、文化的な活動において他人との協力を維持しようとすると、多大なエネルギーを使わざるをえない。そのために内的にはますます貧しくなるか、ときには病人になって、こうした文化的な活動を中止せざるをえなくなることが多いのである。

わたしはすでにこの神経症を性倒錯の「ネガ」の側面と呼んだが、それを「ネガ」と呼ぶのは、神経症においては倒錯的な性欲動が抑圧された後に、［陰画として］心の無意識から外に出てくるからである。本来の倒錯者においては、倒錯した性的な欲動が［明確に］ポジとして表に現れるが、このような神経症においては、そうした倒錯した性的な欲動が「抑圧されて」いわばネガとして含まれているのである。

性目標倒錯と神経症

これまでの経験から、多くの人間にはその体質からして、文化の要求に応じることのできる限度というものがあることが分かっている。自分の体質で可能な限度を超えて上品に振る舞おうとする人は誰もが神経症にかかるのである。こうした人はもっと下品に振る舞っているならば、ずっと快適に生きることができただろう。倒錯と神経症が、このようにポジとネガのような関係にあることは、患者の同じ一族の兄弟姉妹を調べてみれば疑問の余地のないものとなる。一族のうちで兄弟が性的な倒錯者であったならば、姉妹のほうは神経症の患者であることが非常に多いが、それは一般に女性は性的な欲動が弱いためである。ただし姉妹の神経症の症状を調べてみると、性的な欲動の強い兄弟の倒錯と同じような傾向を示していることが多い。このように多くの家庭では、男性は精神衛生の観点からみると健康であるが、社会的にみて道徳的にあまり望ましくない状態にあり、女性は上品で道徳的には繊細な性質をそなえているが、神経症に苦しんでいることが多いのである。

文化的に定められた基準がすべての人に同じような性生活を営むように求めているということは、どう考えても社会的な不公正としか言えない。体質によってこの基準を楽々と守ることができる人もいれば、この基準を守るためには、非常に大きな心的な犠牲を強いられる人もいるのである。ただし不公正とは言ったが、道徳的な掟は無視されることが多いので、実際には不公正が行われているというわけでもないのであるが。

第三段階の状況

ここまでの議論では、わたしたちが想定した文化の第二段階の要求を考察してきたが、この段階においては、あらゆる倒錯的な性活動はすべて禁止され、いわゆる正常な性交渉だけが容認されているのである。ところがわたしたちが確認したところでは、性的な自由と制約についてこのような形で規定されていても、かなりの数の人間が倒錯者として社会から排除されており、倒錯に陥らないように努めている人々も、その体質からは倒錯者にならざるをえないために、神経質症の疾患に追い込まれているのである。

性的な自由をさらに制約し、文化的な要求を第三段階にまで高めたならば、そして合法的な夫婦のあいだでの性的な活動以外のあらゆる性的な活動を禁止したならばどのようになるかは、想像に難くない。文化による要求に正面から対抗しようとする強い人間の数は予想以上に多くなるだろうし、文化の強制するものとその人の体質の抵抗との葛藤のために、神経症へと逃避してゆく弱い人々も増えるだろう。

第三段階の文化が要求することのもたらすもの

ここからは次のような三つの問いが生まれるのであり、以下ではこれらの問いに答えるようにしてみよう。

一　第三段階の文化要求は、個人にどのような課題を提示するだろうか。

二　容認された合法的な活動によって獲得される性的な満足は、それ以外の性的な活動を断念したことによって生まれるとみられる損害を、十分に補うことができるだろうか。

三　この性的な活動の断念によって生まれうる損害と、この断念を文化的な用途で利用する可能性とはどのような関係にあるのだろうか。

性的な禁欲

第一の問いに答えるためには、性的な禁欲というしばしば取り上げられる問題を考察しなければならないが、ここではこの問題について詳しく述べることはできない。文化の第三段階が個人に要求しているのは、男性も女性も結婚するまでは禁欲していなければならないということであり、合法的な夫婦関係に入らないすべての人は、生涯にわたって禁欲を守らなければならないということである。

性的な禁欲は有害なものではないし、実行するのが困難ではないという主張は、世間のいわゆる権威筋の人々が好むものであるが、多くの医者たちもこれに賛同しているようである。しかし性的な欲動のように強力な欲動を、それを満足させずに、別の方法で克服するという課題は、その人が全力を振り絞ってどうにか実現できる困難なものである。昇華という方法によって、すなわち高次の文化的な目標に向かわせることによって、こうした性的な欲動を本来の性目標からそらせて克服することを実現できる人の数はそれほど多くはない。それに成功しても、それはせいぜい一時的なものであって、ましてや性的な欲動が活発な若い男女にとっては、これはきわめて困難なことなのである。昇華という道に進むことのできない大多数の人々は、神経症に苦しむか、あるいはその他の損害をこうむることになる。

これまでの経験からみても現代の社会を構成している人々の多くは、その体質からしても、禁欲という課題を実現できるようにはなっていない。性的な自由がそれほど厳しく制限されていない状態でも神経症にかかってしまうような人は、今日のような厳しい文化的な性道徳の要求を突きつけられた場合には、すぐに神経症になるだろうし、その症状も深刻なものとなるだろう。

というのも欠陥のある体質のために、また発達障害のために、正常な性的な活動が妨げられてしまうおそれのある人にとっては、このような事態が発生するのを防ぐためには性欲を満足させるよりほかに方法がないのである。そして神経症になりやすい素質を持つ人であればあるほど、禁欲生活は困難なものとなるだろう。すでに述べてきたような意味で正常な発展から逸脱してしまったさまざまな部分欲動が、それだけになおさら抑えがたいものになってしまっているからである。

文化の第二段階の要求をなんとか満たすことができて健全であった人々でも、第三段階の要求を突きつけられたならば、その多くが神経症にかかってしまうだろう。というのも性的な満足が禁じられると、そうした人は心的にも、性的な欲動を満たす行為をますます価値の高いものとみなすようになるからである。塞きとめられたリビドーは、性生活の構造に存在している脆弱な部分をみつけてそこから溢れ出して、病的な症状という形で、神経症的な代替満足をみいだそうとするものである。神経質症の疾患が発生する条件を詳しく知っている人であれば、現代社会において神経質症が増えているのは、性的な自由の制約が強化されたためであると確信しているのである。

一夫一婦制の制約

次に第二の問いであるが、合法的な夫婦生活における性交渉は、結婚前の性的な制約のために発生した害を十分に償うことができるものであろうか。この問いに対して「償うことはできない」と答えるための材料はたくさんあるので、ここではごく簡潔にまとめるだけにしよう。

まず最初に想起する必要があるのは、わたしたちの文化的な性道徳が、子供の数をできるだけ少なくするように求めており、夫婦のあいだにおける性交渉すら制限しているということである。この問題を配慮すると、満足できる性交渉を行うことができるのは、夫婦のあいだにおいてもほんの数年しかないのであり、そこから衛生上の理由から妻に配慮しなければならない期間をさらに差し引かねばならない。そうした三年か四年か五年ほどの期間が過ぎると、夫婦間においては性的な欲求が満足されると約束されていたにもかかわらず、もはや性的な満足を手に入れることはできなくなるのである。

というのもこれまで考案されてきた避妊具は、どれも性的な喜びを妨げるだけではなく、男性においても女性においても繊細な感受性が損ねられ、場合によってはそれが直接に病の原因となることもある。性行為の結果についての［妊娠するのではないかという］不安が、夫婦のあいだにおける肉体的な愛情を冷却させ、さらに多くの場合、新婚の頃の激しい情熱に代わって生まれるはずの精神的な愛情すら冷え込んでしまい、このようにして多くの結婚生活の末路は精神的な幻滅と肉体的な不満にほかならなくなる。こうして夫婦は結婚以前と同じような状態に戻ってしまっていることに気づくのであるが、結婚に対する幻想が失われた分だけ精神的には貧しくなっており、しかも性的な欲動を制御し、これを別な方向に向けなければならないという決意を固めざるをえなくなっているのである。

壮年の男性がどこまでこの決意を守ることができるかどうかは、改めて調査するまでもないであろう。これまでの経験が明らかにしているのは、このような状態に置かれた男性は、どれほど厳格な性的な秩序においても渋々と黙認されているわずかばかりの性的な自由を頻繁に利用するということである。今日の社会で男性に認められているこうした「二重の」性道徳こそは、このような性についてのさまざまな掟を作りだした社会そのものが、こうした掟が守られることを信じていないことを示す何よりの証拠であろう。

さらにこれまでの経験から明らかなように、そもそも人類の性的な関心を担うべき女性たちには、性的な欲動の昇華の才能がごくわずかしか与えられておらず、性的な対象としては赤子が代用物として与えられるだけであり、子供が大きくなるともはや女性にとって性的な対象とはならないのである。このようにして女性は結婚生活に失望して、生涯にわたって生活をかき乱す重篤な神経症にかかるのである。

今日の文化生活の状況においては、もはや結婚生活は女性の神経質症に対する特効薬ではなくなっている。女性の神経質症に対してわたしたち医者は、結婚生活に入るよう勧めるのであるが、実際には結婚に「耐える」ことができるのは、ごく健康な娘たちだけであることを、わたしたちはよく知っている。また男性の患者に対しては、結婚する前からすでに神経質症的になっている娘と結婚してはならないと、強く戒めているのである。

結婚によって生まれた神経質症に対する治療手段は、おそらく姦通であるということになるだろう。しかし女性が厳格な教育を受けているほど、そして文化の要求に真面目にしたがっているほど、この姦通という抜け道を利用することを嫌うのであり、性的な欲求と義務感の板挟みになってこうした女性が辿ることのできる道は、やはり神経症なのである。神経症にかかることほど、女性の道徳性が確実に守られる方法はないのである。

文化的な社会に生きている若い男女は、結婚すれば性的な満足がえられると諭《さと》されて性欲動を満たすことを断念してきたのであるが、結婚してみると、結婚生活というものはその期間を通じて人間の性的な欲求をすべて満たすことはできないことが分かるようになる。結局のところ結婚生活は、結婚前の禁欲生活の償いをつけてくれることはないのである。

禁欲の害

第三の問いに対しては、文化的な性道徳がわたしたちにもたらしている損害を認める人々も、このような厳しい性的な制限によって文化的には好ましい結果がえられるのであり、こうした制限によって大きな損害を被るのは少数の人々にすぎないこともあって、それによって発生する損害を十分に償うことができると主張することもできよう。わたしにはこのような損得を計算することはできないが、その損がどれほど大きなものであるかを示す多くの資料を提示できる。すでに触れた禁欲についていえば、禁欲生活は神経症のほかにもさまざまな悪しき結果をもたらすものであり、神経症のもたらす害悪も十分にその大きさが測定されているとはいいがたいのである。

わたしたちの社会における教育と文化は、性的な発達と性的な活動が行われる時期を遅らせることを目指しているが、それ自体は有害なものではない。教育を受けた若者が独立して職業につく時期がどれほど遅くなってくるかを考えてみれば、それは避けがたいことであるとも言えるだろう。さらに文化的な問題と制度などが密接に結びついたものであること、そしてその結びつきを無視して制度の一部だけを修正するのはほとんど不可能であることも、考えるべきであろう。ところが二〇歳になってからもなお何年も禁欲生活を強制するということは、若者にとって無害なものではなく、神経質症が発生しないとしても、さらに別の障害が発生するのである。

強い欲動と闘うこと、さらにこうした闘いにおいて、人間の精神生活におけるあらゆる倫理的な力と美的な力を強調しなければならなくなることは、人間を「鍛える」ものであると言われることがある。たしかにとくに優れた素質を持っている一部の人間にとっては、それは正しいことかもしれない。また現代の社会において顕著に見られる人間の個性の多様なあり方は、性的な欲動の満足を制限することによって初めて生まれたものであると言えるかもしれない。しかし多くの人間にとっては自分の官能との闘いは心的なエネルギーを消耗させるものであって、しかもこうした闘いが行われるのは、若者たちが社会において何らかの位置を確保するためにあらゆるエネルギーを投じなければならない時期においてなのである。

自分の持つエネルギーのどれだけの比率を昇華に回すべきであるか、どれだけの比率を性的な活動に向けるべきかということは、人によって著しく異なるものであり、職業によっても異なるものであろう。芸術家が禁欲をしていることはほとんど考えられないことであるが、若い学者が禁欲しているのは稀なことではないだろう。若い学者は節制を守ることによって学問に十分な力を注ぐことができるだろうし、若い芸術家は性的な経験を積むことによって、芸術的な仕事にさらに刺激を得ることができるだろう。

しかしわたしの印象によると一般に、性的な禁欲が、独立してエネルギーに溢れた行動的な人間や、独創的な思想家や、勇敢な革命家や改革者を育てあげるのに貢献するとは思えない。それが生みだすのはむしろ生真面目な弱者ではないだろうか。こうした弱者はやがて群衆の中に姿を消すのであり、群衆というのは強い個人から与えられた刺激に、嫌々ながら従うものなのである。

性的な欲動というものはきわめて頑固で、御し難いものであることは、性的な禁欲の努力がどのような結果を生みだすかをみても明らかであろう。文化的な教育は、若者が結婚するまでしばらくのあいだは性的な欲動を抑えつけておいて、結婚した後ではそれを解放するという方法で、性的な欲動を利用しようとする。しかし性的な欲動を抑えるには、穏健な方法よりもそれを極端なまでに禁圧してしまうほうが有効である。ところが抑えつけというものはしばしばゆきすぎることがあり、それが解放された後になっても、性的な欲動が損傷されたままであるという望ましくない結果を生むことがある。

そのため男性に対して、青年期に完全な禁欲を求めることは、結婚のための準備としては最善の方法ではないことが多い。女性はこれを予感しており、求婚者のうちから自分の夫としては、女性たちに囲まれながらすでに男性としての資格を証明しているような相手を選ぼうとするのである。

さらに女性に対して、結婚するまで禁欲することを厳しく要求した場合に、女性のあり方にどのような損害が発生するかは、すぐに理解できることである。女性に対する教育においては、官能を結婚までは抑えつけておこうとするのであるが、その課題を成功させるためにどれほど厳しい手段が講じられているかをみれば、この課題が困難なものであることは明らかである。

若い女性への教育は、女性に性的な交渉を禁じ、女性の純潔を褒め称えるだけでなく、成熟期を迎えている娘たちを誘惑から守ろうとするものである。しかしそのために女性が果たさなければならない役割については娘たちに何も教えようとせず、結婚に結びつかないような恋愛をすべて厳しく禁じるのである。そのため女たちは心構えができておらず、自分の感情の整理もつかないままに、両親によって急に恋愛を許されて、結婚生活に入ることになる。こうして、若い女性が男性を好きになるという愛情機能を発揮できる時期が、人為的に遅らされることになる。そこでいずれ結婚するはずの妻のために、性的な欲動を発揮することを我慢してきた男性にとっては、こうした妻は幻滅しかもたらさないのである。

結婚したばかりの女性は、両親の権威によってこれまでは性的な活動を抑えつけてきたので、心のうちではまだ感情的に両親と結びついたままなのである。このようにして妻は身体的には不感症になり、それが夫の強く求めているあらゆる性的な喜びの享受を妨げてしまうのである。不感症の女性という類型が、わたしたちのような文化的な社会とは異なる社会においてもみられるかどうかは知らないが、おそらく他の社会でも不感症の女性はいることだろう。いずれにしてもこのような不感症の女性という類型が、教育によって作りだされたのは確かであり、性的な喜びを味わわずに妊娠した妻は、苦痛を伴う出産をたびたび繰り返すことを嫌うようになる。

このようにして結婚生活を準備するための［禁欲という］活動が、結婚の目的そのものを否定する結果になる。そして女性が性的な欲動の発展の遅れを取り戻して、女性らしさと愛する能力を十分に発揮できるようになった頃には、すでに夫との関係が破壊されてしまっているだろう。このようにして女性がそれまで従順であったことの褒美として手にするのは、性的な不満足か、姦通か、神経症かのいずれかなのである。

生活態度を規定する性的な振る舞い

ある人間がどのような性的な振る舞いをするかを調べてみれば、生活のその他の側面でどのような反応を示すかという範型を見つけることができることが多い。自分の性対象をしっかりと自分のものにしようとする男性は、性目標以外の目標に向かっても、同じように精力的に振る舞うと考えることができる。それとは反対に、さまざまな事柄に配慮しながら自分の強い性的な欲動を満たすことを遠慮してしまう男性は、人生のそれ以外の局面においても行動的に振る舞うよりは、穏便で控えめな態度を示すことになるだろう。

ある人間の性生活における姿勢が、それ以外の行動における範型となるというこの命題の正しさは、それを女性全般に適用してみるとすぐに確認できる。女性は教育に妨げられて性的な問題に知的に取り組むことができなくなっているものの、実はこの問題にとくに強い好奇心を抱いている。しかし教育はこうした好奇心を持つことが女らしくないことであり、罪深い本性をあらわにするものであると脅しつけてしまう。

そのため女性は考えることそのものに怯えてしまい、知るということそのものが価値のないものであると思い込んでしまう。女性におけるこのような思考の禁止命令は性の領域を超えて広がってしまうが、それは性の領域がその他の領域と結びつくことが避けられないからであり、またその領域が自動的に広がっていくからでもある。これは男性においてみられる宗教的な思考の禁止や、忠義な家臣における忠誠心による思考の禁止と同じような性格のものである。

メービウスは多くの反論を寄せられた著作において、(1)知的な作業と性的活動との生物学的な対立が、女性における「生理学的な愚鈍」を生む原因となっていると主張したが、わたしはこれには同意しない。わたしはむしろ、多くの女性が知的に劣っているという明らかな事実は、性的なものを抑圧するために思考が妨げられてきたためだと考えている。

二種類の禁欲

禁欲という問題を考慮する際に、禁欲にはあらゆる性的活動を禁じるという形式と、異性との性交を禁じるという形式の二種類の異なった形式があることを、とかく軽視しがちである。禁欲に成功したことを自慢している人の多くは実際にはマスターベーションや類似の満足によってこれに成功しただけのことであり、このマスターベーションは幼年期における自体愛的な活動に根ざしたものなのである。

ところでこのマスターベーションは性的な満足をえるための代替手段として、こうした幼年期における［自体愛的な］活動との結びつきのために、決して無害なものではない。これはさまざまな形式の神経症と精神病の素地となるものであり、神経症や精神病は性生活がかつての幼児期の形式に戻ることによって発生しているのである。

さらにこのマスターベーションというものは、文化的な性道徳の理想とする要請に応じるものではなく、若者は禁欲によって逃れようとした葛藤のうちに、そして教育によって命じられている理想との葛藤のうちに、追い込まれてしまうのである。

マスターベーションはさらにさまざまな形の甘やかしという方法で、その人の性格を損なってしまう。まず第一にこの方法は、人生の重要な目標を、それを実現するために精力的に働きかけるのではなく、安易な方法で実現することができると思わせてしまう。ここにすでに述べた「性的な振る舞いが人生の範型になる」という原則の働きが確認されるのである。第二にこの方法では性的な満足をえるためにさまざまな空想に頼るが、こうした空想は性的な対象を、現実にはみいだすことのできないような理想的なものに高めてしまうのである。ある才気溢れた文筆家、すなわちウィーンの『ファッケル』誌主宰のカール・クラウスはそれを逆に「性交はオナニーの不十分な代用物にすぎない」と皮肉に語っているが、これはこの状況を正しく述べたものである。

性交渉そのものへの恐怖とその弊害

厳しい文化的な要求と禁欲という困難な課題の両方が合流することによって、禁欲の中心的な課題は、男女の性器的な結合を回避することであるということになってしまった。そして文化的な要求にいわば半ばしか服従していないその他の種類の性的な行為が、有利な立場に立つことになった。道徳によって正常な性交渉が厳しく非難されるようになると、性交渉は性病の伝染の恐れから、衛生的な観点からも非難されるようになったのであり、性器以外の身体部位を性器の代わりに利用しようとする男女間の倒錯的な性行為が、社会的な意義をもつようになってきたのは疑いがない。

しかしこうした倒錯的な性行為は、性生活における同じような種類の異常な行為と同じように、決して無害なものではない。このような倒錯行為は、二人の人間のあいだの性愛関係という真面目な人間的な行為を、危険もなく、魂の抜けた安直な遊戯としてしまうものであり、道徳的にも許し難いものである。また、通常の性生活が困難になると、同性愛による性的な満足の享受がさらに一般的なものとなる。すでに体質からして同性愛的な傾向のある人々や、幼児期に同性愛を経験した人々だけではなく、壮年期に正常なリビドーの流れが疎外された多くの人々も、同性愛という脇道に入り込んでしまいかねない。

性的な禁欲の要求は意図せずにこのような結果を生み出さざるをえないのであるが、それらは共通して、文化的な性道徳がもともと意図していたのとは反対に、結婚生活が性的な営みの唯一の帰結となるべきだったにもかかわらず、このような禁欲は結婚を準備する作業をすべて破壊してしまう役割しか果たさなかったのである。男性たちがマスターベーションや目標倒錯的な性行為で満足してしまい、性的な満足をえるための正常な条件や状況にそぐわない行為にリビドーを向けるようになってしまうと、結婚生活に入っても彼らの精力は衰えてしまうことになる。また同じような補助手段によって処女性を維持してきた女性も、結婚生活においては不感症になってしまい、正常な性交渉によって性的な快感をえることができなくなってしまう。

このようにして男女ともある種の性的な無能力者同士で結婚生活を始めるのであり、こうした結婚生活が急速に崩壊し始めるのは当然のことであろう。男性は精力が衰えているために妻を満足させることができず、妻は娘時代の教育のために体質的に不感症となっている。夫との力強い性生活によって妻はその不感症を克服できたかもしれないのに、それに成功しないのである。このような夫婦は健康な夫婦と比較して、避妊においても困難を感じるようになる。夫の精力が弱いために、避妊具を使えないためである。このように出口のない状態のままで、性交渉はあらゆる困難な問題を引き起こす原因とみなされ、やがては放棄されるようになり、こうして夫婦生活の土台が失われるのである。

消息に通じた方々に確認していただきたいのだが、わたしは決して誇張して語っているわけではなく、どこにでもみいだすことのできる結婚生活の嘆かわしい状況を描写しただけである。事情に疎い方々には信じがたいかもしれないが、現在の文化的な性道徳の支配下にあっては、正常な性的能力をもつ男性はきわめて稀であり、妻が不感症である場合もまたきわめて多いのである。このようにして結婚生活は夫にとっても妻にとっても大きな不満をもたらすものであり、あれほど待ち望まれていた幸福をもたらすはずの結婚生活は、実際には惨憺たる状況に追い込まれているのである。

子供への悪影響

このような状況において人々が神経質症の症状に逃げ込むのは避けがたいことについてはすでに述べてきたとおりであるが、このような夫婦関係が、夫婦のあいだに生まれた子供たち、一人っ子、あるいはわずかな数人の子供たちにどのような影響を及ぼすかについて、ここでいくらかつけ加えておきたいと思う。子供にみられる影響は遺伝によるものと考えることもできるが、よく観察してみれば子供が幼児期に受けたさまざまな印象が強く働いていることが明らかになる。夫に満足していない神経症的な妻は、自らの愛の要求を子供に転移するようになり、母親として子供に過度の愛情と気遣いを向けるので、子供は性的に早熟になりがちである。

両親がたがいに感情的に折り合いが悪いために、子供の感情生活は刺激されて、幼い頃から激しい愛情や憎しみや嫉妬の感情を持つようになる。ところが子供に対する教育は厳しく、このように早い時期に目覚めた性的な生活の動きを許容しようとせず、子供のこうした感情を厳しく抑えつけようとする。このような幼い時期にこの種の葛藤を経験することによって、子供は生涯にわたって神経質症の症状を起こしやすくなるのである。

神経症の重要性

ここですでに述べてきたテーマに戻れば、わたしには神経症について判断する人々が、この疾患の意味を十分考慮に入れていないように思われる。多くの人々は神経症をそれほど重大なものとは考えない。患者の家族は神経症をそれほど大きな問題ではないと軽視しがちであるし、医者たちは、数週間ほど冷水浴を試みるか、数か月ほど安静にして休養していれば治ると太鼓判を押すのである。こうした姿勢は無知な医者や素人のたんなる意見のようなものであって、患者をつかのまだけ慰めようとするおまじないのようなものにすぎない。わたしが考えているのはこのようなものではない。慢性の神経症は患者の命を奪うことはないとしても、結核や心臓疾患など個人にとって大きな負担となる重大な結果をもたらすものなのである。

神経症に陥ったとしても、もともと身体の弱い少数の人間が文化的な営みから排除されるにすぎず、それ以外の人々の場合は、主観的な苦痛を味わうだけでそうした営みに従事していることができるのだとすれば、神経症はそれほど懸念すべき病ではないと言えるかもしれない。しかしわたしとしては神経症はその進行度合いや、誰が患者になるかということにかかわらず、文化の意図するものを妨げ、それによってそれまで抑えられてきた文化に敵対的な心の動きが働き始めるのを助けることになることを指摘しておきたい。わたしたちの社会は、人間の持つさまざまな欲動を社会の広範に定められた掟に従わせようとして、神経質症の症状に悩む人々を増大させるという犠牲を払っているのであり、これではその犠牲に相応しい利益をえられるどころか、まったく利益をえていないことになるのではないだろうか。

たとえば世間によくみられる人妻の事例を考えてみよう。彼女は結婚の時に求められた条件や結婚生活での経験に基づいて、夫を愛すべき理由をまったくみいだすことができず、そのため夫を愛していない。ところがそれまでの教育によって夫を愛することが結婚の理想であると教え込まれているために、夫を愛さなければならないと考えているのである。このような人妻は、自分の本当の考えは自分の理想に反するものであるために、そのような本当の考えを語りたいという欲動の要求をすべて抑えつけてしまうことになるだろう。そして愛情深く、優しく、従順な妻であるかのように装うために、特別な努力をすることになるだろう。

そしてこのように自分を抑えつけたために、妻は神経症になるだろう。この神経症は、自分が愛していない夫に復讐を遂げるものであり、彼女が自分の本当の気持ちを夫に告げた場合と同じような不満と不安を、夫に感じさせることになるだろう。この事例は神経症がどのような結果をもたらすかを典型的に示したものである。妻は抑圧のもたらす結果を補償しようとして失敗したのであるが、このような現象は性的なものではないものの、文化に敵対する欲求が抑えつけられた際にも発生するのである。

たとえば生まれつき悲情で残酷なことを好む性格の人間が、自分のそうした性格を無理やり抑えつけて、異常なまでの善人になってしまうことがある。このような人は自分の性格を抑えつけるためにエネルギーを消耗してしまっているのであり、自分の残酷な性格を補償しようとする心の動きが求めるすべてのことまでは実行できなくなる。このようにして自分の性格を抑えつけなかった場合にはできたであろうことと比べて、実際に行う善行がはるかに少なくなるということもあるのである。

またある民族においては、人々の性的な活動が制限されると、ごく一般的に言って生きることが不安になり、死を恐れる感情が大きくなることもある。そのため生の喜びを享受する個人の能力が損なわれるだろうし、何らかの目的のために命を捧げようとする覚悟が失われるだろう。これによって子供を産もうとする傾向が低下することになり、こうした民族や人々の集団から未来が奪われてしまうことになる。このことを考えるならば現代の「文化的な」性道徳というものは、それがわたしたちに求めている犠牲の大きさに見合う価値があるかどうかは、大いに疑問なのである。

わたしたちは快楽を好ましいものとみなす考え方を完全に否定したわけではなく、文化の発展目標のうちには、個人の幸福や満足を高めるという目標が含まれていることを考えると、こうした疑問はさらに強まるのである。わたしは医者であって、自ら改革案を提案する仕事をするにはふさわしくないと考えているが、それでも「文化的な」性道徳によって発生するさまざまな障害について指摘したフォン・エーレンフェルスの論文の叙述をさらに拡張して、こうした性道徳が現代の神経質症の症状の蔓延に、大きな役割を果たしていることを強調し、そうした改革案が緊急に望ましいという見解を支持しておきたいと考えるのである。

原注

＊1　フォン・エーレンフェルス「性道徳」（L・レーヴェンフェルト編『神経活動と精神活動の領域の区別について』シリーズ第五六巻、ヴィースバーデン、一九〇七年、所収）。
＊2　同、三二ページ以下。
＊3　同、三五ページ。
＊4　W・エルプ『われわれの時代に増大する神経質症について』一八九三年。
＊5　ビンスワンガー『神経衰弱の病理学と治療法』一八九六年。
＊6　フォン・クラフト・エービング「神経症と神経衰弱の状態」（ノートナーゲル『特殊病理学と治療法ハンドブック』所収）一八九五年、一一ページ。
＊7　フロイト『神経症の理論についての小論集』ウィーン、一九〇六年（第四版、一九二二年）。
＊8　フロイト『性理論三篇』ウィーン、一九〇五年［フロイト『エロス論集』中山元

編訳、ちくま学芸文庫、所収」。

訳注

(1) P・J・メービウス『女性の生理学的な愚鈍について』第五版、一九〇三年。

解説　フロイトの性愛論の文明論的な広がり

中山元

第一章　性愛原論

第一節　フロイトの性愛原論

「関係の病」

フロイトの精神分析の重要なポイントの一つは、人間がどのようにして他者を愛するようになるのかというテーマである。精神分析では神経症を中心に、人間のさまざまな精神的な疾患を分析し、それを治療することを課題としたが、その際に疾患として現れる障害だけではなく、他者との関係をどのように改善するかという問題も、重要な課題として浮上してきた。これは人間が社会のうちで生きていくうえで重要な意味をもつテーマだったからである。人間の精神的な障害というものは多くの場合、自分ひとりで作りだすわけではなく、他者との関係のうちで作られていくものだからであり、わたしたちの病は、他者との「関係の病」でもあるのである。

こうした「関係の病」のうちでも、他者とどのような愛情関係や性愛関係を結んでいくかという問題は、それがわたしたち個人一人ひとりだけの問題ではなく、他者からの愛と性もかかわってくるだけに、困難な課題となるものだった。そしてこの「関係の病」は、たんに精神分析で診断され、治療される「疾患」であるだけでなく、社会のうちで「関係の病」を生きるわたしたちの日常的な生活の全体にかかわってくる重大な問題なのである。

フロイトの三つの考察軸

フロイトはこの他者との「関係の病」というテーマについて、性愛論の観点からは基本的に「対象選択」という視点で考察している。「対象選択」というのはとっつきにくいし、分かりにくい概念であるかもしれないが、わたしたちは自分だけを愛することはできず、他者を愛さなければ生きていけないことを考えると、その愛する他者を、すなわち愛の対象をどのようにして選ぶかが問われているのだと考えれば、分かりやすいと思う。この「対象選択」の問題を考えるには、フロイトが対象選択における「倒錯」についてどのような理論を展開したかを調べてみるのが近道である。

フロイトは『性理論三篇』の論文で、性的な倒錯を性対象倒錯と性目標倒錯に分類した。性対象とは「性的な魅力を発揮する人物[1]」であり、性目標とは、「性欲動によって引き起こされる行為[2]」である。わたしたちは、成人における愛と性の活動について考えるときに、自分の愛情や性的なリビドーを向ける相手としての対象に、異性を選ぶのが当然であるし、性的な活動の目標は、性器的な結合であるのが当然だと考えがちである。そしてフロイトもまた、このように成人になって性対象として異性を選択し、性目標として性器的な結合を選択するようになることが、「正常な」愛と性の生活のありかたであると考えている。そしてそれ以外の対象選択と目標選択は、「倒錯」という概念で呼ばれるのである。

しかしわたしたちが愛するのは、異性だけではない。同性の人物にも強い友情を感じることもあるし、ペットとしての動物に、異性よりも強い愛情を傾けることもないわけではないだろう。性的な行為を行う「目標」にしても、性的な結合だけがすべてかというと、まったくそのようなことはないだろう。皮膚の接触もまた大きな快感をもたらしうることは、キスのような行為を考えてみても、相手の手を握るという行為を考えてみても明らかである。だからわたしたちの愛と性の活動は、異性との性器的な結合よりもはるかに広い範囲で展開されているし、そのような本来の対象と目標には含まれない対象と目標もまた、わたしたちに愛と性の営みにおいて大きな喜びをもたらしてくれるものなのである。

フロイトはこのような「本来の」対象と目標に含まれない愛と性の活動を「倒錯」という概念で考察しようとする。しかしこうした「倒錯」は、本来の最終的な対象と目標に到達するための前段階であることも多いし（キスの役割を考えてみてほしい）、そうした本来の対象や目標よりもさらに広い範囲の活動を包括することも多いのである（家族の一員となっているペットへの愛を考えてみてほしい）。

それでもこの問題を考えるために愛と性の「規範的な」ありかたを想定して、そうした規範的な行為とは異なる性格をもつ行為を、規範的な行為からのズレによって考察し、そのズレの大きさと原因を点検するという方法を採用することによって、新たに見えてくるものがあるのもたしかである。フロイトはこうした規範からずれた行為を「倒錯」と呼ぶのだが、倒錯していない「正常性」はいわば一つの理念型であって、すべての人が愛と性の営みにおいてそうした理念型を実現するなどとは、フロイトも期待していないのである。

ときにフロイトはこうした規範的な性と愛の行為を正常なものとし、それ以外の行為を倒錯として否定し、治療の対象としようとしたと考えられることがあるが、これはフロイトの方法論におけるこうした理念型的な性格を誤認したものではないかと思われる――ときにフロイトがそうした逸脱を批判する口振りで語ることはあるにしてもである。こうした理念型的な規範からの逸脱をフロイトは「倒錯」という概念で語るとしても、わたしたちは誰もが多かれ少なかれ、何らかの意味では倒錯した性愛の要素をそなえているのであって、それを否定することも、治療することも、精神分析の課題ではないのである。

第二節　幼児期の性愛

多形倒錯

このことを明確にしたのが、子供は誰もが多形倒錯であるというフロイトの主張である。そもそも正常な性愛として規定されている異性との性器的な結合という行為が本来の意味で可能となるのは、思春期になってからである。それまでの長い期間を通じて、人間はこのような正常な性愛の生活を送ることが不可能な状態のうちで生きているのであり、しかもその期間を通じて、わたしたちは愛と性の生活を過ごしつづけている。フロイトの「正常な」性対象と性目標の規定からすると、こうした思春期以前のすべての愛と性の生活は「倒錯」と呼ばざるをえなくなるだろう。そうするとわたしたちは誰もが子供の頃には倒錯した性愛活動をつづけていることになるだろう。だから子供は多形倒錯者と呼ばれるべきなのである。「小児の性欲動は実際に多形倒錯という特徴を維持する」(3) ことが多いのである。

この「多形」がどのようなものであるかは、子供の成長段階におうじて規定されることが多いが、思春期の後の段階でも、退行というプロセスによって、以前の幼児期の段階の性対象や性目標が復活することもある。人間の性的な欲望のありかたは、直線的なものではなく、複線的なものであり、ときには飛び地のように、成長した人間のうちに幼児期の欲望の対象や目標が残存することもあるのである。

幼児期の性的な発達と倒錯

人間が成人して「正常な」性愛関係を結べるようになるまでにどのような多形の「倒錯」が発生するかを簡単にまとめてみよう。このような「倒錯」は、人間の性的な成長と結びついたものであるだけではなく、他者との関係を構築する上で不可欠なものであったり、成長の過程においてその人の性格を作りだすような創造的な役割を果たすものであったりするのであり、それをたんに正常なありかたからの逸脱や倒錯として考えることはできないのである。

幼児の最初の性的な満足は、自分の身体の任意の部分を使って行われる。まず最初に登場するのは、自分の親指などを吸う行為であり、これは母親の乳首に吸いつく行為の代替行為や反復的な行為として始められるようである。母乳という栄養を摂取する幼児の基本的な生命活動に「依託」されるようにして、幼児の身体の特定の部分で（これらの特定の部分はやがて性感帯として発達することになる）、こうした行為が始められるのであり、これによってえられる快感は、まずは口唇領域で享受されるため、この時期は「口唇期」と呼ばれる。

このおしゃぶりは、ときに毛布など、同じような感触を与える身体以外の同様な物質によって行われることもあるが、基本的に幼児はまず自分の身体の一部で、性的な欲望をみたす。この欲望の充足のありかたは、「自体愛」と呼ばれる。この性愛のありかたの三つの基本的な特徴は、「こうした行為は、生命の維持にかかわる身体機能の一つに依託して発生したものであること、性的な対象というものを知らず、自体愛的であること、そしてその性的な目標が、一つの性感帯に支配されているということ」(4)である。このようにして幼児は自分の身体で性的な快感の享受を追求するのであるが、この快感の根源は母親という他者との関係で生まれるのであり、自体愛的な性愛もまた、他者との関係を背景としているのである。

やがて幼児は別の性感帯を開発し始める。それが肛門領域である。幼児は排便のときに感じる肛門での快感を発見し、それに固執し始める。しかし幼児がこの快感に固執しつづけると、快感がえられる状態まで排便をがまんするようになり、排便が不規則になるという問題が発生する。そこでこの時期に幼児は排泄の訓練を受け、母親が望んだ時間に、便器という望んだ場所で排便することを求められるようになる。この時期は、幼児はこの時期に、自分の欲望と他者の欲望との対立を経験するのである。この時期は「肛門期」と呼ばれる。

幼児はこのプロセスにおいて、自分に固有の欲望を追求するのではなく、他者の欲望を欲望することを学ぶようになる。母親の願いを満たすことによって、母親から与えられる感謝と愛情の気持ちが、自分の身体を使って自分だけで味わう快感よりも大きなものであることを学ぶようになる。こうして幼児は自分だけで快感を味わうのではなく、他者の欲望を欲望することによって生まれる快感の大きさを享受できるようになるのである。

このようにして幼児は他者との関係が、自分の欲望にとっても重要なものであることを学ぶのであり、このときに排泄された便は、他者への贈り物という性格を帯びるようになる。「小児がこれを周囲の人々に与える場合には、小児の従順さを示し、これを与えない場合は、反抗を示すことになる」[5]。また精神分析では、便を溜め込むことを好む幼児は、成長すると吝嗇な性格の人物になると考えており、幼児の性的な好みが成人の人格の形成にも寄与すると考えられている。

次に幼児は性器の存在を発見する。しかし思春期以前の幼児にとってはこの性器は他者との性的な結合を実現するための器官としては認識されず、たんに排尿のための器官とみなされる。そして排尿の際の性的な満足が追求されるようになる。またこの器官はオナニーのために好んで使われる。というのも、少年においては、このペニスという「器官はすぐに興奮し、変化し、非常に感覚の豊かな器官であり、少年の興味を活発に働かせる。これは少年の探究欲動にとって、たえず新しい課題を提供する器官なのである」(6)からだ。この時期は少年に着目して「男根期」と呼ばれる。

ただし子供はそのまま直線的にこの性器を使って性器的な段階に到達するのではない。この幼年期の後に長い潜伏期が始まり、思春期になって初めて、この器官の本来の役割が認識され、この器官が本来の役割を果たすことができるようになる。そしてこの潜伏期においては、人間は自分の幼児の頃の性的な活動については、すっかり忘れてしまうのである。

第三節　エディプス・コンプレックスの克服

ペニスについての認識と自己認識

ところで少年にとってはこのペニスという器官が、たんに排泄の器官やオナニーのための器官であるだけではなく、すでに確認したように「少年の探究欲動にとって、たえず新しい課題を提供する器官[7]」となる。というのも少年は、自分にとって重要な興味の対象であるこの器官をもっていない人々がいることに気づくからである。母親には、あるいは妹や姉にはこのペニスという器官がないということは、少年にとっては衝撃的な事実であり、たやすくは受け入れがたいものなのである。

そこで少年はたとえば、やがて生まれてきた妹にこの器官がないことを発見しても、その事実をそのまま受け入れることができず、妹にもペニスはあるが、それはまだ小さくてよく見えないだけであり、これから大きくなるのだと考えたりする。あるいは母親にはペニスがないことを目でみているにもかかわらず、意識の上ではこれを否定して認めようとしなかったりするのである（これらの実例については、フロイトの『ある五歳男児の恐怖症分析』の症例分析に詳しく描かれている）。

しかしやがて少年はペニスがない人間が存在するということを認めるようになり、また少女も男性にはペニスがあるのに、自分にはそれがないことを認めるようになる。ここで子供の他者認識において、男性と女性の性別の違いが意識されるようになり、こうした性別は身体的にペニスがあるかないかで決定されることになる。それまではたんなる幼児にすぎなかった子供たちが、ここで少年と少女に明確に分岐することになる。自己認識と他者認識における重要な違いが生じるわけである。そしてこの分岐が、その後の人間の性と愛の欲動の構造を規定するものとなる。

少年の場合

少年はこれについてどう感じるだろうか。それについてはエディプス・コンプレックスの状況を考察する必要がある。少年の場合には男根期においてペニスをもてあそぶことで快感をえられることを発見して、これをいじるようになるが、この行為をオナニーと考える母親が、こうした行為を禁じることが多い。そしてこのようなことを続けると、父親に、あるいは父親の代理物である医者に、ペニスを切ってもらうと脅すことがある(これも『ある五歳男児の恐怖症分析』の症例で説明されている)。

ペニスが存在しない人々がいることを認識した少年にとっては、この脅しがきわめて重要な意味をもち始める。というのも、この時期に少年はエディプス・コンプレックスの状況に置かれることが多いからである。このコンプレックスにおいて少年は母親に愛情を抱き、自分と母親との間を裂くような位置にいる父親を憎み始める。あるいは力強い父親を愛するようになり、父親のようになりたいと願う。少女においてはこの反対の状況が生まれることになる。

そもそも少年は自分を世話してくれる母親に対する強い愛情を感じている。そして母親を自分のものにしたいと願うのである。しかし母親が真の意味で愛しているのは、そしてこの母親を妻として自分のものにしているのは、少年の父親である。少年が母親を自分のものにするには、父親が邪魔になる。この場合に父親を排除して自分が父親の立場に立ち、母親を愛したいと願う。この方法で自分の欲望を実現しようとするのは、「能動的な方法」あるいは「男性的な方法」(8)と呼ばれる。

この場合には父親が邪魔になる。しかし父親は、自分よりも強い存在である。しかも母親は、ペニスを切ってしまうと脅している。ペニスを切られた場合には、自分は母親と同じような女性になってしまい、男性としての自己認識が崩壊することになる。去勢コンプレックスが、邪魔な父親を排除してしまおうとするこの道を閉ざすのである。

あるいは少年は、父親に愛されている母親の立場に立って、父親を愛したいと願うこともできる。この場合には少年は母親を排除して、自分が母親と同じ立場に立って父親に愛されたいと願うことになる。この方法で自分の欲望を満たそうとする道は、

「受動的な方法」あるいは「女性的な方法」[9]と呼ばれる。この場合には母親が邪魔になる。しかし母親になるということは、自分もまた母親と同じように去勢されて、ペニスを失って女性になるということである。ここでペニスを失うということは、何らかの外科的な手段でペニスを切断されることを意味しない。心的な意味でペニスを失うことにすぎず、その意味でペニスを失うことを恐れるのである。前の場合とおなじように去勢コンプレックスがこの道を閉ざすのである。

このようにして能動的な道と受動的な道のどちらの方法で満足をえようとしても、少年はペニスを失うことになる。ペニスを失うことは、男性としての自己認識を放棄することであり、少年はこのどちらの道も選ぶことはできない。少年がこのようにして「去勢の可能性を受け入れ、女性は去勢されたのだと信じるようになると、エディプス・コンプレックスに基づいた二つの性的な満足の享受の可能性は、両方とも失われるのである。どちらでも、ペニスを失う結果となるからである」[10]。

少年はこのどちらの道も選択できないことを自覚して、自分の幼い性的欲望を実現することを放棄するようになる。このような性的な欲望の放棄が、思春期までは続き、この時期には性的な欲望は抑圧されて、潜伏期を迎えることになる。そしてこの時期に、自分の幼年期の性的な欲望と活動の記憶が失われるのである。少年は思春期になって初めて、この難問を解けるようになる。少年にとって好ましい道は、能動的な道の延長線の上にある。ただし父親を殺して、母親の夫となるという方法ではなく、母親に類似していて、母親になる位置にある女性をみいだして、その女性を妻とし、その妻の夫となることで、かつての父親と同じ立場に立つという道をみいだすのである。このようにして「エディプス・コンプレックスの崩壊によって、少年の性格の〈男性らしさ〉が堅固なものとな[11]」るのである。

少女の場合

少女の場合には、最初から自分にはペニスが欠如しているという認識から出発する。そして自分は女性であり、自分には欠如しているペニスという器官が与えられている男性という存在があることを認識するのである。そこで生まれるのがペニス羨望である。「少女はそれを〈見た〉のであり、自分にはそれがないことを知って、それを欲するのである[12]」。

フロイトは、このように自分が去勢されていることを認識した少女にとっては、ここから二つの道が開けると考える。少女はエディプス・コンプレックス期において、少年と同じように最初は母親に愛情を向けている。少年の場合と同じように、ここでも能動的な道と受動的な道が考えられる。能動的な道では、少女は父親に同化しようとする。その場合には、少女は自分にもペニスがあるかのように、自分は男性であるかのように振る舞う。「少女は、自分が去勢されているという事実を否認し、自分はペニスをもっているとひたすら確信するのであり、その帰結として、男性であるかのように振る舞うことを強いられるのである(13)」。

また受動的な道では、少女は母親に同化しようとする。そして自分に欠如しているペニスの代わりに、子供が欲しいと願う。「ペニスをあきらめることは、その代償を求める試みなしには、耐えがたいものである。少女は、象徴の方程式に従ってと言うべきだろうが、ペニスの願望から、子供の願望に移行する(14)」のである。その場合には母親が邪魔になる。そして赤子を産みたいという願望のもとで、「そのために父親を愛の対象とするのである。そして母親は嫉妬の対象となり、少女から小さな一人の女性が誕生する(15)」とフロイトは考える。少年とは対照的に、少女は受動的な道で母親と同一化することによって、女性らしくなる。「少女のエディプス状況は母との同一化の強化に進み（あるいは母との同一化の発生に進み）、これが少女の女性的な性格を強める[16]」のである。そして少女は、少年とは逆の形で、自分の父親から赤子を産むのではなく、父親と同じ立場にある男性を愛し、その男性によって赤子を産むことで、母親と同じ立場に立とうするのである。

同性愛の形成

このように少年と少女では、ペニスの有無のために、ちょうどキアスムのように対称的な関係が成立することが分かる。少年は能動的な道を進んで男性らしさを保ちながら、思春期を過ぎてから母親の代わりとなる女性を妻として選び、この女性とのあいだで子供を作り（この子供はかつての自分である少年と同じ立場の存在となる）、その子供の父親となる。そしてこのことによって父親と同一化して母親を愛するという少年時代の欲望を、もっと違った幸福な形で実現することができる。

少女にとっては、受動的な道を進んで、女性らしさを保ちながら、思春期を過ぎてから、父親の代わりとなる男性を夫として選び、その男性とのあいだで子供を作り、その子供の母親となる。そしてこのことによって母親と同一化して父親に愛されるという少女時代の欲望を、もっと違った幸福な形で実現することができる。

このキアスム的な対称関係は、去勢コンプレックスについても指摘できる。少年は去勢コンプレックスに襲われて、ペニスを失うことを恐れて、エディプス・コンプレックスを放棄する。これに対してもともとペニスのない少女には去勢コンプレックスは存在しない。すでに少女は去勢された状態にあるからである。しかしこのペニスの欠如の認識は、ペニス羨望につながり、それが少年における去勢コンプレックスの裏返しのような働きをして、父親への愛情と母親への憎悪というエディプス・コンプレックス的な状況が発生するのである。

これをフロイトは、「少年のエディプス・コンプレックスは、去勢コンプレックスに直面して崩壊する。これに対して少女では、去勢コンプレックスによってエディプス・コンプレックスが可能になり、形成されるのである」[17]と指摘している。

この少年と少女の対称関係は、同性愛の形成についても指摘できる。少年が能動的な道をとって男性らしさを維持する場合には、思春期の後になってその男性は母親の代わりとなる女性を愛する異性愛の関係に入ることになるだろう。しかし受動的な道をとって男性らしさを放棄した場合には、男性との関係で女性の立場に立とうとすることになる。その場合には女性を愛の対象とすることは困難になり、同性愛の道に進むことになるだろう。そしてその青年は乙女ではなく男性を愛するようになるだろう。母親のように若い青年を愛するか、少年時代に父親に愛されたように、男性に愛されることを望むだろう。

これに対して少女が受動的な道をとって女性らしさを維持する場合には、思春期の後になってその女性は、父親の代わりとなる男性を愛する異性愛の関係に入ることになるだろう。しかし能動的な道をとって女性らしさを放棄した場合には、女性との関係で男性の立場に立とうとすることになる。その場合には男性を愛の対象とすることは困難になり、同性愛の道に進むことになるだろう。娘は男性ではなく女性を愛するようになるだろう。父親のように若い女性を愛するか、少女時代に母親に愛されたように、女性に愛されることを望むだろう。どちらにしてもエディプス・コンプレックスの崩壊の後に、同性愛的な愛情関係に入ることを望むようになるのである。

第二章　実例研究

第一節　三角関係を好む男性

三角関係の事例

これまではいわばフロイトの性愛についての原論を男性の場合と女性の場合について考察してきたわけだが、この章ではその具体的な事例についてのフロイトの考察を調べてみよう。まず考えてみたいのは、異性愛の男性が愛する女性を選択する際に示す特殊な傾向についてである。

フロイトが考察した最初の事例は、男性がとりわけ三角関係にある女性を選択する傾向がある場合である。すでにある男性の妻となっているか、婚約者になっている女性を選択する男性が多いことは、多くの文学においても話題とされている。ゲーテの『若きウェルテルの悩み』は、友人の男性の婚約者であるロッテに恋したウェルテルの絶望的な恋の物語であり、夏目漱石の『こゝろ』は、友人と一人の女性を争う物語である。

これらの物語の特徴は、他の男性に愛されているからこそ、主人公にとってその女性がとくに愛すべき輝きを発するように思われることである。これはありふれた事例であるが、その愛の背後にどのような性愛のメカニズムが隠されているのだろうか。この女性にはすでに公認の恋人が存在しているのであり、主人公はこの女性を愛することによって、女性の恋人の権利を侵害せざるをえないのである。「こうした女性は、まだ誰のものともなっていないうちは、その男性の興味を惹かず、場合によっては軽蔑の対象とされることもあるが、その女性がすでに述べたような関係を他の男性と結ぶと、この類型の男性はたちまちその女性に惚れ込んでしまうのである[1]」。

この主人公はその女性を愛することによって三角関係を成立させ、正式な恋人をいわば「権利を侵害される第三者[2]」とするのである。

フロイトはこの類型の男性にみられる性愛の特徴と性愛対象の選択の条件として、このような三角関係と「権利を侵害される第三者」の成立という第一の条件のほかに、次の三つの条件をあげている。第二の条件は、そうした男性が愛するのは、いつでも浮き名が立っているような女性であるということである。これを「娼婦型の女性への愛[3]」と呼ぶことができるだろう。これは第一の条件から派生したものと考えることができる。娼婦は、不特定の男性と交渉をもつのであり、こうした女性を愛する男性は、その女性を独占することができず、つねにライヴァルとの愛に直面していなければならないのである。こうした女性への愛には、つねに三角関係の愛が潜在的に存在しているために、こうした女性を愛する男性は、この潜在的なライヴァルをつねに意識し、その潜在的なライヴァルにつねに嫉妬心を燃やしていなければならないが、それがかえってその男性の欲動に火をつけるのである。極端な事例では、「この類型の男性は、相手の女性を一人で独占したいという願望をまったく示さず、かえって三角関係を楽しんでいるかのようにみえる(4)」ということになる。

この第二の「娼婦型の女性」という条件は、第一の三角関係の条件をいわば敷衍《ふえん》して遍在的なものにしているのであり、三角関係が稀薄化して遍在するほうが、その男性の嫉妬に駆られた愛情をいっそう掻き立てるのである。そしてその女性に公的な夫がいたとしても、その事実はこの男性の愛情の妨げにはならない。というのも、その娼婦型の女性はつねに夫とは別に愛人を作っていると想定されるのであるから、その男性はその女性の公的な夫とは、被害者としていわば同じ立場に立たされることになるからである。

第三の条件は、そうした類型の男性は、このような女性が貞節という道徳的な規範を守ことは期待しないことがあげられる。もちろんこうした娼婦型の女性に貞節を求めるのは、無理なことなのだが、こうした男性はそれが無理だから諦めているのではなく、あたかも浮気をすることが、そしてそうした女性が貞節という規範を無視していることが、その男性の嫉妬心を掻き立てて、彼を魅惑するのである。この特徴は「貞節の否定」の条件と呼べるだろう。

この条件はさらに、男性自身に対しても適用される。男性は一人の女性に対して忠実であることをみずからに求めることがない。彼は次から次へと誠実さの対象を乗り換えてゆき、愛する女性を変えてゆくのである。「そうした女性に対して誠実であれという自己への要求は、現実には何度も挫折することになる」[5]だろう。

第四の条件は、第三の条件とは裏腹に、このようにして手に入れた女性に対して、自分に貞節を守ることを要求するという矛盾した傾向を示すことである。男性は相手の女性にこのような要求をつきつけることで、相手の女性を道徳的な退廃から救いだすことができると信じているのである。これは「愛する女性を〈救おう〉とする傾向」[6]であり、この条件は「救済願望」の条件と呼べるだろう。

しかしこのように愛する女性に貞節を守らせることは困難であり、そのたびに男性は新しい対象において、この救済願望を実現しようとすることになる。この男性の愛は、愛する女性によってすぐに踏みにじられてしまいがちなのであり、これらの四つの条件の必然的な帰結として、男性は環境の変化などに応じて、すぐに新しい恋愛相手をみつけることができるのである。

この事例における男性の愛の源泉

フロイトは、愛する女性に放埒《ほうらつ》さと自己への忠実さを求めるなど、ときには矛盾しているかにみえる多様な条件をもつ愛情を、一つの類型に分類した理由として、それらの多様な条件は、すべて一つの源泉から生まれたものと考えられることを指摘する。これはすべて、それらの男性の思春期における対象選択によって規定されていると考えるのである。この類型の男性は誰もが、子供の頃の母親への愛情の固着から逃れることができないでいるというのである。

フロイトは、この類型の男性の特徴として、「思春期になってもリビドーがまだ母親のもとにとどまっており、思春期の後になって選択された愛の対象である女性にも、母親の特徴が刻み込まれている。そしてこうした女性はすぐに母親の代理物となるのである」[7]ことをあげている。

これらの特徴的な条件は、母親への固着からどのようにして生まれたというのだろうか。前記の四つの条件のそれぞれについて、その源泉との関係を考察してみよう。フロイトのこれらの条件についての解明は、推理小説の最後の謎解きを思わせるほど、スリリングである。

第一の条件は、「権利を侵害される第三者」の存在であったが、これは少年と母親との密接な二者間の愛情関係において、既得の権利が侵害される第三者が誰であるかを考えれば、それは父親であることがすぐに分かる。子供にとっては最愛の人は、すでに誰か別の男性によって所有されていて、その最愛の人との愛情関係は、本人にとってみればつねにある種の「不倫」関係という意味合いを最初から帯びているのである。

母親への固着から逃れることができない男性は、母親の代理となる女性を探し求めるが、母親という愛情の源泉に固有の特徴であるこうした「不倫」の要素がない女性は、彼の愛情選択の候補になりえないのである。

第二の条件である「娼婦型の女性」という条件は、一見すると母親に対する重大な軽蔑を含んでいて、許容できないもののように思える。しかしこのように対立したものが無意識における同一のものから生まれることはしばしばみられることである。「意識の側面では二つの対立物に分極していても、無意識においてはそれらが一つのものとして存在していることが多い(8)」ものなのである。

この難題については、次のような心的なプロセスによるものと説明されている。思春期の頃に少年は、子供にとっての唯一の問いである子供の誕生の秘密を解き明かす説明にでくわすことになる。赤子が生まれるのは、こうのとりが運んでくるのでも、キャベツ畑に赤子がなっていたからでもなく、父親と母親との性生活によるものであることを、大人の猥談などによって知らされるのである。

そのときの少年の衝撃は大きなものである。少年はこの衝撃に、まずは否定によって対処しようとする。ほかの母親はそんなことをしているかもしれないが、自分の母親だけは違うのだと主張するのである。というのも、性行為というものが、不潔な行為として語られるし、少年にもそのように思われるだけに、自分の母親がそのような行為をすることで、自分を産んだということを信じたくないからである。

少年の第二の反応は、自分の母親だけがそのような例外的な清い女性であるという確信が薄れてくる頃に生まれる。この反応にとって触媒のような役割を果たすのが、娼婦についての知識である。少年に大人の性生活を教えた猥談では、こうした性行為を生業とする女性についての物語がつきものである。フロイトによると、こうした娼婦に対する少年の反応は両義的なものである。そうした生業を忌まわしいものとして嫌悪するとともに、そうした女性は職業として、少年にも性的な手解《てほど》きをしてくれるものであることを、少年は猥談のうちで大人から教えられるために、ある種の「憧憬と恐怖が混じり合った感情を抱くようになる(9)」というのである。そして少年は娼婦との性的な交わりを空想するようになる。

少年の第三の反応は、娼婦に憧憬と期待の気持ちを抱き、娼婦との性的な交渉について空想すると同時に、娼婦ではなく母親との性的な交渉を夢想するようになることである。少年は、幼児の記憶痕跡のうちで、そのような母親との密接な性的な関係を願望した記憶の痕跡を維持していることが多いものである。幼年期においては性器が発達していないために、大人と同じような性的な交渉を願うことはないが、思春期になれば、身体は成人と同じであり、父親と同じように母親と交わりたいと願うようになる。ここで、ほんらいの意味でのエディプス・コンプレックスが少年を支配するようになる。

そのためにこの時期の少年においては、母親は少年にとっての父親である夫には不実であるという空想がさかんになるとフロイトは指摘する。母親は父親を裏切って、別の愛人と性的な交渉をしているに違いないと少年は思い込み、空想するのである。そして母親が寝ている愛人は、実は少年の自我を体現した人物、あるいは「より正確には理想化され、成長して父親の水準にまで高められた自己の人格の特徴(10)」をそなえた人物なのである。そして同時に少年は、自分を産んだ母親が、自分とではなく、父親と日常的に性交渉を行っているという考え方に耐えがたくなり、父親に嫉妬し、母親を娼婦のような女性だと軽蔑するのである。

このようにして母親は娼婦と深いところで密接に結びついた存在として思い描かれるのであり、この類型の男性は、娼婦型の女性に、少年期に夢想した自分の淫蕩な母親の空想像を重ねて、そのような女性を愛するのだという。

第三の条件は貞節の価値の低落と、男性の不実という「貞節の否定」の条件であった。この条件は、第一の条件からそのまま理解することができる。この類型の男性は、愛する女性を次々と替えてゆく。というのも、愛情選択の対象となった女性はつねに母親の代理物にすぎないのであって、「代理物というものはそれがどのようなものであっても、もともと望んでいた満足を与えることはできない(11)」からである。

第四の条件は「救済の願望」であったが、この類型の男性が、利益を損なわれて怒っている第三者である父親から、窮地に立たされている妻としての母親を救いたいと願ったり、娼婦のように身を落として、人々から軽蔑されて生活している母親を救いたいと願ったりするのは、ごく自然な反応と考えることができるだろう。

しかしフロイトはこの願望の背景に、「ファミリー・ロマンス」につながる少年の空想の痕跡をみいだしている。このロマンスでは、自分は現在の父親と母親の子供ではなく、もっと偉い人物の落とし子であると空想するのだが、その空想の一環として、危険な立場に立たされ、窮地に陥った父親を、こうした偉い人物とのつながりによって救うという空想が生まれることが多いものである。

これにたいして救った相手が女性であるか、救う本人が女性である場合には、そこにもっと神話的な要素が入り込んでくる。日本の神話では、ヤマタノオロチから少女クシナダヒメを救ったスサノオは、この娘と結婚し、子供を産ませる。旧約聖書では、モーセを川から救った王の娘は、この少年を自分の息子とする。その場合には、「少年が救い出した女性を自分の母にするということである。女性が他人である子供を水の中から救い上げた場合には、モーセの伝説に語られた国王の娘のように、女性がその子供を産んだ母親であることを意味している」[12]のである。

このようにして、この類型の男性が幼年期の母親への固着を維持していることが、さまざまな観点から解明されたことになる。この男性にかぎらず、男性の対象選択が幼い頃の母親への固着に強く規定されていることが多いことについては、フロイトはさまざまな論文で説明しているのであり、この論文はその重要な一例を示すものと言えるだろう。

第二節　心的インポテンツの実例

心的インポテンツとは

この「〈愛情生活の心理学〉への寄与」の論文集の第一論文「男性における対象選択の特殊な類型について」のテーマをさらに掘り下げたのが、第二論文「性愛生活が多くの人によって貶められることについて」である。この論文の主要なテーマは、心的なインポテンツである。これは性器に器質的な障害がなく、健全に機能する状態でありながら、そして本人が相手との性交渉を望んでいながら、その願いを実現しようとすると、性器が望みどおりに働かないという障害であり、精神分析医を訪問する男性の患者の多くは、この症状に悩まされているという。

フロイトはこうした男性の心的インポテンツの原因として、いくつかの要因をあげている。第一の最大の要因は、「母親や姉妹に対する近親相姦的な固着が克服されないままで残っていること[13]」である。その他にも、「小児期において性行為に関連して偶然に不快な印象を受けたことによる影響[14]」や、「ごく一般的に、女性という性的対象に向かうべきリビドーを減少させるように働くいくつかの要因[15]」も指摘されている。ただし第二の要因の偶然の印象については考察することはできないし、第三の女性へのリビドーが減少する要因は、第三論文の「処女性のタブー」で部分的に考察されるのであって、この論文では第一の最大の要因である「近親相姦的な固着」に考察が絞られることになる。

リビドーの二つの流れ

この主要な要因について考察するために、フロイトは正常な性交渉が行われるためには、リビドーにおいてどのような条件が満たされる必要があるかをまず検討する。まずフロイトはリビドーにおいて「愛情的な流れと官能的な流れという二つの異なる流れが合流することで、初めて完全で正常な性行為が可能となる」[16]ことを指摘する。そしてこの心的インポテンツでは、この合流が実現されないために、性行為が可能とならないと考えるのである。

フロイトはここでは、この二つの流れが明確に分離して存在しており、それが合流することで正常な性行為が可能になるように語っているが、すぐ後で認めるように、この二つはそもそも分離することが困難なものである。後年にフロイトは「わたしたちが愛という言葉を使うのは、性的な欲求の心的側面を前景に押し出して、その根底にある身体的または〈官能的な〉欲動の要求を抑制したり、あるいはほんのわずかのあいだだけ、忘れようとするときなのである」[17]と語っている。たとえば幼児が授乳という経験において、性愛の対象である母親とその乳房に感じる欲動は、性的で「官能的な」ものであり、そこには官能的な流れと分離できない形で愛情的な流れが含まれているると考えるしかないのである。

思春期以前の幼児や少年のリビドーの流れにおいては、このような愛情の流れと官能の流れ、愛と性を分離することは、もともと意味のないものなのである。しかしこの区別が重要に思われるようになる時期が到来する。それは子供たちがエディプス・コンプレックスを克服した後の段階である。本書の解説の第一章の性愛原論で確認したように、この段階にいたると、少年はもはや母親との関係に、性と愛の両方を混淆《こんこう》した形で維持しつづけることはできなくなる。母親はもはや性のリビドーの対象とみなすことが禁じられているのである。というのも、このコンプレックスを克服した後には、少年は近親相姦の禁止というタブーにしたがわなければならなくなるために、小児期の「第一次対象選択」において選ばれた対象である母親に固着していることができなくなるからである。

このようにして少年は、自分の性的な欲動の「官能的な流れ」の対象として、新たな対象選択を行うことで、「現実に性生活を送ることができる血の繋がりのない別の対象に迅速に移行しようと努力することになる」(18)のである。そして母親に対しては、かつての性的な欲動と愛情が混淆していたリビドーのうちから、性的な部分を取り除いて、愛情の流れだけを向けるように努力するようになる。こうしてエディプス・コンプレックスの力によって少年は、自分のリビドーの性的な流れと愛情的な流れを分離させることを強いられるのである。

二つの流れの合流

しかしこの分離はそのままでは維持できない。もはや成人したかつての少年は母親を愛しつづけながら、結婚して妻となった女性を性的な欲動の捌け口のように扱うことはできないからである。それにはいくつもの重要な理由がある。第一の理由は、性的な欲動はそもそも愛情と分離できない形で存在していたものであり、人間はこのありかたを変えることはできないからである。人間は性的な欲動を向ける対象に、つねに愛情の流れも注ぎこむものだからである。

第二に、エディプス・コンプレックスの克服は、たんに性的な欲動の捌け口をみいだすためだけに行われるのではなく、男性が女性に対してかつて渇望していた父親の立場に立って、かつて愛していた母親の立場に立った妻を愛するという構造的な関係を反復するという意味がある。子供は父親と母親の性的な関係については詳しくは知らされることがなく、父親と母親の間の愛情と、父親と母親が自分に向ける愛情のもとでそれまで成長してきたのである（もちろん多数の例外はあるだろうが）。男性が父親になるということは、子供の頃に実感していた父親の母親への愛を反復するということであり、妻をたんなる性的な欲動の対象とみなしつづけることはできないのである。

第三に、フロイトの指摘によると、第二次の対象選択において選択された女性は、母親ではない存在でなければならないものの、子供のかつての母親への愛をなぞるようなものとなることが多いものである。「血の繋がりのない別のこの対象も、幼児期に選んだ愛情の対象をお手本（イマーゴ）として選ばれるのだが、やがては以前の対象に固着していた愛情も、この新しい対象に惹きつけられる[19]」。このようにして愛情と官能が合流することになるとフロイトは主張するが、はたしてどうだろうか。

合流に挫折する場合

理論的にはこのようにいくつかの要因によって、思春期以降においてこの二つの流れは合流するとされているが、実際には若い男性の第二次対象選択は、性的な対象である女性が、同時に愛情の対象でもあることから困難な問題を含んでいる。フロイトは若い男性が恋愛の対象を過大評価するのは、「最高度の官能的な恋愛は、必然的に最高度の心理的な価値評価を伴うことになる」[20]からだと主張しているが、それは必ずしもうまくはゆかないのが普通である。

男性は、相手の女性に対する愛情を感じるときに、その愛情の新奇な性格に戸惑うことが多いものである。愛の要求の裏面に性の要求がはりついていて分離することができないために、自分の愛を恥じることが多くなると考えられる。多くの恋愛小説では、夫となった男性が感じるこうした愛と性欲の葛藤が描かれている。キリスト教の伝統的な結婚についての戒めにおいても、妻を性欲の捌け口として、娼婦のように扱うことを禁じ、性的な行為は快楽を求めるためではなく、子孫の繁殖のためだけに行うことを命じているのである。

夫は何らかの方法でこれを解決しなければならないし、実際に解決するのであるが、これがどうしてもうまくゆかない場合がいくつかある。フロイトはこのような場合に、さまざまな程度で、心的インポテンツが発生すると考えている。第一は、これがうまく解決されないために完全な心的インポテンツが発生する場合である。この場合には

男性は、幼年期における母親への愛情の固着が強すぎて、リビドーを新たな対象に向け変えるのが困難になっているのであり、そのためにインポテンツに陥ることになる。「すべての官能が無意識のうちで、近親相姦的な空想に固着されるのである。そのために若者は完全なインポテンツに陥る[21]」とフロイトは指摘している。

第二は、完全なインポテンツではなく、部分的なインポテンツが発生する場合である。この場合には「性行為の背後に十分な心的な欲動の力が働いていない[22]」ために、すなわちリビドーの官能の流れとしては、相手の女性と性的な行為をすることを望んでいながらも、愛情の流れがいまだに母親に固着しているために、相手の女性に愛情を注ぐことができなくなっている。ただし近親相姦のタブーがそれほど強くない青年の場合には、相手の女性を母親の代用物として思い描くことで、性的な欲動を満たすことができるようになるはずである。しかしその場合にはつねに近親相姦のタブーが再発する可能性がひそんでいるために、時にインポテンツが発生するのは、避けられないことだろう。

第三は、このインポテンツが間欠的なものとなる場合である。この第三の場合は第二の場合と同じ文脈で、状況が反転しているものである。近親相姦のタブーがきわめ

て強く働いている男性の場合には、性交渉を行うことができるのは、禁じられた母親への愛を思い出させることのない女性に限られるということになる。その場合には男性は性的な欲望の対象と愛情の対象を明確に分割して、この問題を解決することになる。男性は愛する女性をみいだし、その相手に愛情を注ぎ、その女性を心的に高く評価するものの、その愛情の流れに性的な欲動の流れがつき添わないために、「その愛情はエロス的な働きを含まないものとなってしまう。こうした人の愛情生活はこのように二つの方向に分裂したまま[23]」になってしまうのである。

こうした男性とその愛する女性の関係は、いわゆるプラトニックな愛の状況である。この状況において男性は相手の女性と性交渉をすることを望むとしても、その行為を支えるエロス的な裏づけが欠けたままとなるだろう。「対象を愛する時は欲情によって求めず、欲情によって求める時には愛することができない[24]」というこの嘆かわしい状況では、性交渉が円滑に進むという保証はない。そして愛する相手と性交渉をしようとしても、その相手に思わぬところで母親に類似した特徴がみつかると、禁じられた対象を青年に想起させることになる。これが「抑圧されたものの回帰」を促すようなことがあると、「心的インポテンツという奇妙な機能不全の現象が現れる[25]」ことに

なる。

部分的なインポテンツへの対策

第二と第三の場合のような部分的な心的インポテンツに悩まされる男性は、工夫次第でそれを解消することができるとされており、この対策としてフロイトがあげているのが、二段階の心的な仕事である。こうした男性は愛情の流れと性的な官能の流れが分離しているためにインポテンツに悩まされるのであるから、何らかの形で高い地位におかれた愛情の流れを、官能の流れにまで引き下げるならば、インポテンツを解消することができるだろう。

そのために考えられるのが、本書の第一論文ですでに考察されてきた母親を娼婦の地位にまで貶めるという空想である。この空想は二つのことを実現している。第一に母親に対する敬愛の念を引き下げて、母親を娼婦のような存在とみなして、娼婦のような母親を愛するのだった。その裏面では、男性は愛する相手を娼婦のようにみなしながらも、実は貶めた母親の代用物とすることによって、娼婦のような相手の地位を高めているのである。

心的インポテンツにおいても、これと同じ方法が利用できるとフロイトは指摘している。その場合には、男性の愛する女性が娼婦型の女性でない場合にも、その相手を貶めて娼婦のように扱うことによって、その貶められた女性の姿に、娼婦に貶められた母親の姿を重ね合わせることで、性的な満足を味わうことができるようになる。このようにして「性的な対象を心的に貶めるという条件が満たされた後で、官能はやっと自由に力を発揮して、性的な活動を営むことができるようになり、強い快感を味わうこともできるようになる[26]」ことになる。

文明の病

これまで考察されてきたのは心的インポテンツに悩む神経症の患者についてであったが、この心的なインポテンツという病は、母親に愛情を固着させた青年だけではなく、現代文明に一般的にみられる傾向ではないかと、フロイトはさらに考察の枠組みを広げる。このテーマは晩年の著作『文化への不満』と、本書にも収録した「〈文化的な〉性道徳と現代人の神経質症」という論文で正面からとりあげられるものである。現代人に全般的にみられる性的な欲動の満たされない状態においては、男性と女性の双方で、心的インポテンツが蔓延しているのではないかと、フロイトは問い掛ける。

そしてフロイトは、これまで心的インポテンツについて行われてきた考察一般にみられる傾向を批判しながら、心的なインポテンツというものはたんなる個人的な病であるよりも、いわば文明病なのであり、「文明人の愛情生活の特徴の一つは、このような反応が多かれ少なかれ確認されることにある」[27]と指摘する。一般にみられる心的インポテンツだけでなく、性交渉そのものは実現できるものの、そうした性交渉において十分な満足をえられない「心的な不感症」をこれに含めるとするならば、「こうした事例は予想以上に多い」[28]とフロイトは指摘する。そしてそもそも「教養のある人間において、愛情の流れと官能の流れが適切な形で合流しているのは、ごく稀なこと」[29]であると主張する。

このようにして文明人の男性にとっては、愛する相手を貶めて自分だけ性的な満足をえることは許されないことになる。また妻の側でも、結婚するまでの長い間、従順に性的な禁欲の掟にしたがってきたことも災いし、愛する夫が自分との性交渉において満足をえられないために、みずからも性的な満足を享受できなくなる。フロイトが精神分析を始めた頃には、女性の神経症は性的な満足が十分にえられないことによるものであると考えてきたが、晩年になってこの確信がふたたび確認されたのである。この現代文明と性的な満足の問題については、「〈文明的な〉性道徳と現代人の神経質症」の論文について、さらに詳しく検討することにしよう。

第三章　処女性のタブー

女性の幻滅と怒りの原因

多くの未開社会では結婚にあたっては処女性が異常なまでに重視されると同時に、結婚の際に夫が処女膜を壊すのを避けて、結婚式の前に、夫でない人物に、破瓜の作業を委ねる風習が多くみられる。フロイトはこの一見したところ矛盾した風習に注目し、そこに現代人の性愛とかかわりのある重要なテーマをみいだした。

こうした未開社会の処女性のタブーを生み出した原因としては、流血への恐れや、初物への不安などが考えられるが、さらに広い意味で、未開社会においては男性と女性が分離されていることが多いことから、女性そのものへの恐れがその背後にひそんでいるのではないかと、フロイトは考える。

そして現代においても、男性のうちで、ぼんやりとした形で、こうした女性への恐れが存在しているのではないかとフロイトは推測している。未開民族の処女への恐れは、初めての性交の後に夫が感じる妻への恐れの存在を示しているのではないかと疑われるのである。というのも、最初の性交の後で、女性が大きな幻滅を感じているのはたしかだとフロイトは考えるからである。

それではこのような幻滅はどのようにして生まれるのだろうか。この謎を解くために役立つのが、「最初の性交の後で、あるいは性交するたびに、女性が相手の男性を罵倒したり、男性を殴ろうとしたり、実際に殴って男性への敵意をむきだしにするような症例(1)」である。

夫を愛していて、性交を自分から要求した妻が、性交に満足したにもかかわらず、夫への敵意をむきだしにする事例を分析しながら、そこにはいくつもの矛盾した要因が働いていることをフロイトは指摘する。そうした女性は望んでいた性交に満足したのであるから、そもそものことで夫への敵意が生まれる理由はないはずである。この満足を打ち消すような怒りの気持ちが生まれなければ、妻が夫を殴打するようなことにはならないだろう。この怒りはどのようにして生まれるのだろうか。

この怒りの原因として挙げられる第一の要因は、妻となる女性のエディプス・コンプレックスである。このように振る舞う妻は、おそらく幼年期からずっとエディプス・コンプレックスのもとにあって、父親に強い愛情を固着させていたに違いないとフロイトは考える。その場合には、こうした女性は「父親へのリビドーの固着、あるいは父親に代わる役割を果たす兄弟へのリビドーの固着」(2)を維持していたと考えられる。だから妻にとっては「夫というものは代理の人物にすぎず、本来の欲望の対象ではない」(3)ことになる。そして妻の父親へのリビドーの固着が非常に強い場合には、満足を与えてくれた夫が、ほんらいの欲望の対象であった人物ではないだけに、妻は激しい怒りを感じるに違いないとフロイトは考える。妻が不感症になる重要な原因の一つが、この欲望の対象の代理にすぎない夫に対する不満であるという。

とくに結婚の初夜において花嫁が花婿に不満を抱き、怒りを向ける原因として考えられる第二の要因として、女性が初めての性交で「ナルシシズム的な傷」(4)を負ったことが考えられる。多くの女性にとって性的な事柄は、結婚するまでは禁止の対象とされてきた。性の問題について触れることは「はしたないこと」として、語るのも禁じられていることも多いのである。そして処女を守ることが大切なことと言い聞かされてきた。その場合に処女であることを証拠立てるものは、処女膜の存在である。花嫁市場における女性の価値は、この身体の一つの膜の存在によって、大きく左右されることになる。

このような心理的で歴史的な背景のもとで、花嫁は初めての夜を迎え、夫との性交を経験するわけである。そして花嫁は多くの場合、流血と膜における痛みを経験する。そして自分の身体的な価値が損なわれたという印象をうけることになるだろう。そして彼女は自分のナルシシズムが傷つけられたと感じるのである。「こうしたナルシシズム的な傷は、身体のある器官が毀損されたために生まれるものであり、処女を失ったために自分の性的な価値が下落したという意識によって、それが合理化される」[5]ことになるだろう。このナルシシズム的な傷が、女性に満足を打ち消すような怒りを生み出させるのは十分に理解できることである。

花嫁が夫に不満をぶつける第三の原因として、それまでの花嫁教育と現実の落差という要因が考えられる。これまでは女性は花嫁教育によって、「結婚するまでは女性は、性的な交渉を避けよという掟を信じ込んでいた。そのため合法的で許された性交であっても、女性はそれを本物の性交であるとは感じられない」[6]ということはありうることだろう。そして女性が、この掟が緩められる最初の機会である初夜の性的な営みに大きな期待を抱いていたこともまた、ありうることである。そのような「文化的な状態にある女性にとって、期待するものと現実との不一致[7]」が生まれざるをえないということも大いにありうることだろう。この場合も妻は夫に不満を感じることになるだろう。

さらにこのような教育を受けてきた女性は、自分の欲動を隠そうとする傾向があり、これが第四の要因として考えられる。花嫁教育の影響のために、女性が性行為で快感を感じたとしても、これを隠そうとする欲望が生まれることがある。さらにそもそも快感を感じないように振る舞わせることもあるだろう。このどちらの場合にもその女性は不感症になるのである。

それまでの花嫁教育の慎みの教育の影響で妻となった女性は、初めての性交においても、性的な満足を感じたことを否定することによって、みずからに満足を感じることができるだろう。この矛盾した感情は、「愛情的な反応を示すことを抑止しておきながら、そのような欲動の動きが働いていることを覆い隠すことができる[8]」ことによって生じたものと考えられる。

フロイトが最後にあげている第五の要因は、社会的なものであり、男性に対する女性の敵愾心《てきがいしん》である。第一章の性愛原論で確認したように、女性にはペニス羨望が存在していると考えられている。この羨望はときに、ペニスを所有している男性に対する全般的な敵愾心として表現されることがある。フロイトの分析したある新婚の女性の夢では、彼女は「夫のペニスを切り取ってそれを自分の身体につけたいという願望を、ごく自然に語っていた(9)」という。

この女性は夫のもつペニスを奪って自分のものとしたいと無意識のうちで願っていたのであり、これは男性にとっては脅威となる欲望である。フロイトはフェミニズムの運動のうちにもこうした男性に対する女性の無意識的な敵愾心をみいだしている。またフェレンツィはこれについて神話的な説明をしている。最初は人間は男女とも対等な形で性交渉を行っていたが、やがて男性が女性を性的に蹂躙し、屈従させるようになったという。この状況に女性は憤慨心を掻き立てられるのであって、こうした憤慨心は「現在でも女性の素質に残っている(10)」という。

このフェレンツィの理論によると、現代社会にあっても女性が男性に屈従し、隷属するような状況は多いものであり、女性はそのことに対して無意識的な敵愾心をもっているのであり、できれば男性のペニスを切り取って自分のものとすることで、このような不平等な関係を打破し、覆したいと願っているというのである。すると男性は性的な営みにおいて、自分のペニスが性交の相手に奪われることを恐れなければならないことになる。

とくに結婚において初めて性交を経験する女性は、これまで考察してきたさまざまな理由から、男性に対して無意識のうちにも激しい敵意を向けることがありうることになる。このことを考えると、結婚に先立ってあらかじめ女性の処女膜を破壊しておくという未開民族にみられる風習は、「解剖学的な意味での破瓜が行われないことを求めるタブーの禁止の意図が満たされない場合に、妻がこのような苦痛を伴う身体への毀損に示す反応とは別のものを夫に経験させることがないようにすることを目指しているのである」(11)ということになる。

この考察は、女性におけるエディプス・コンプレックスのもたらした帰結、それによって女性に生まれる男性への無意識的な敵愾心、女性の不感症と、男性の心的インポテンツなどについて、未開社会の奇妙な風習を手掛かりとして分析しながら、これまでのフロイトの性愛論で議論されてきたさまざまなテーマを、別の観点から展開するものとなっていて、興味深い。

第四章　女性の同性愛の事例

同性愛の心的な成因

本訳書には、フロイトの精神分析における性愛の考察の具体例の一つとして、女性の同性愛の事例「ある女性の同性愛の事例の心的な成因について」を収録した。フロイトが精神分析を始めた頃に治療した症例ドラは、途中で治療が中断され、フロイト自身も失敗と判断した症例であるが、その背後に妙齢の娘の異性愛の背後に同性愛が隠されていた事例であった。同じく一八歳の美しい女性を分析したこの事例は、同性愛の背後に父親への異性愛が隠されている事例であり、症例ドラの陰画《ネガ》のような症例として興味深いものである。

この女性の精神分析は本人の希望ではなく、娘の同性愛について懸念を抱いていた両親に「協力する」という形で始められたものである。この娘は「いかがわしい」という評判の高い年上の女性に激しい愛情を抱き、父親に咎められるようなまなざしを向けられて自殺未遂をしたことが、治療を始めるきっかけとなった。

この女性の同性愛の心的な成因を調べてみると、精神分析における性愛の考察でそれまで確認されたさまざまな状況が、その背後にひそんでいることが明らかになったのであり、この症例はフロイトの性愛についての分析を裏づける力強い実例となった。

彼女が思春期の初めの一三歳か一四歳の頃に最初に示した他者への愛情は、子供公園で子供たちを遊ばせていた母親たちそのものにではなく、連れてきた子供たちに対する異例なほどに強い愛情だった。とくに三歳くらいの子供に、「誰からみても度を越していると思わせるほどの激しさで[1]」愛情を示したという。「彼女がこの子を溺愛したので、その子供の両親と長く続く交友関係が結ばれたほど[2]」であると語られているので、子供の母親への同性愛的な愛着が存在しなかったとは断定できないだろう。ただしフロイトはこの段階では、少女は正常のエディプス・コンプレックスの段階にあったと診断している。

彼女には兄がいた。五歳あるいはそれ以前に、兄と性器比べをしているので、この時期にペニス羨望が発生していたと考えられる。この頃に彼女は、父親の子供を産みたいという願望を抱いていたはずであり、それがやがて三歳の子供にたいする母性愛的な愛情の源泉になったと考えられている。

しかしこの時期に彼女は重要な出来事に直面する。五歳から六歳の頃に、彼女の母親が妊娠して、かなり年齢の離れた弟が生まれたのである。この母親は、まだ若い頃に自分が男性にちやほやされた頃の記憶を捨て切ることができないでいたため、母親にとってはこの少女はライヴァル的な存在だった。「まだ若かった母親は、急に娘らしくなってきた自分の子供を、不愉快な競争者であるかのように感じていたからである。そこで娘を男の子供たちよりも冷遇し、彼女の独立性をできるだけ制限しておいて、娘を父親から遠ざけるようにしていたのである(3)」とフロイトは説明している。

同性愛の発生のメカニズム

このことが、彼女の性愛のありかたに重要な帰結をもたらしたとフロイトは考えている。これによって彼女は同性愛への道を歩み始めるのである。その道筋は三つ考えられる。第一に、この母親の出産は、自分に子供を与えてくれなかった父親に対する激しい幻滅と憎悪をもたらしたはずである。フロイトの性愛原論が示しているように、ペニス羨望はすぐにエディプス・コンプレックスのもとで、子供が欲しい、父親から子供をもらいたいという願望に変わっていたはずである。

しかし現実において父親から子供を授かったのは、ライヴァルである母親であった。これは父親のいわば裏切りである。そして父親へのこの幻滅が、男性そのものへの幻滅につながった。「これに怒りを感じ、苦しめられた彼女の心は父親から離れ、さらに男性一般から離れてしまった。この最初の挫折の後、彼女は自分が女性であることを嫌うようになり、自分のリビドーを別のところに向けようとしたのである」(4)。これが、彼女が異性からリビドーを撤回して同性愛に向かう第一の動機となったと考えられる。

第二に、この出来事は彼女のエディプス・コンプレックスによる欲望の対象を、父親から年上の兄に切り換えるきっかけとなったようである。年齢の離れた父親ではなく、美しい容貌の長身の兄に対する密かな愛が生まれたのである。この兄に対する愛情はエディプス・コンプレックスのもとでは、抑えざるをえないものであり、第一の動機によって、愛情の選択対象を女性に向けていた彼女は、この兄と同じような印象を与える女性を、同性愛の対象として選択するようになったと考えられる。これは、後に激しく恋着する長身で美しい年上の女性に対する同性愛のうちに、結実することになる。

この年上の女性は、娘の同性愛の傾向と兄への異性愛の傾向を同時に満たしてくれる便利な役割を果たしてくれたのである。フロイトは人間には誰にも男性と女性の両性的な性格がそなわっていると考えており、「この女性は彼女にとっての女性の理想像にふさわしい人物であるだけでなく、男性の理想像も体現していたのである。このようにしてこの女性は彼女の同性愛的な欲望と異性愛的な欲望の両方を同時に満たしてくれる人物だったのである(5)」と指摘している。

第三に、そしてこれがもっとも重要な動機となるが、この幼い弟の出産は、母親にたいする憎悪をもたらしたはずである。しかし彼女はそこで奇妙な選択をした。父親との競争で敗れた彼女は、母親のライヴァルとしての位置から身を引き、母親の求めるような若い男性を愛情の対象とすることを避けるようになったと思われる。これが彼女の同性愛の最初の端緒となったらしい。この奇妙な対象選択はしばしばみられるものであることを、フロイトは異性愛の兄と同性愛の弟という双子の兄弟の例で説明している。この事例では女性にもてる兄と競争したくないために、弟は女性を愛の対象とすることを断念して、男性を愛の対象として選択するようになったのだという。

同性愛の対象選択

彼女はこのようにして（幼い子供ではあったが）異性の対象選択から、同性の対象選択へと切り換えたのであるが、最初に選択された同性愛の対象は、かつて愛したような子供の母親である女性たちだった。「末の弟が誕生した後に彼女が最初に愛情を向けた対象は、実際に母親であった女性たちだったのである。こうした女性たちの年齢は三〇歳から三五歳くらいだった。彼女は夏の避暑地や都会の家庭ぐるみのつき合いで、子供たちと一緒にいる母親たちと知り合いになったのである(6)」。

やがてこの「子供の母親であること」という条件は外されるようになる。それは彼女の愛の対象は、三〇歳から三五歳の女性ではなく、第二の動機によって、美男子の兄を思わせるようなところのある若い女性でなければならなかったからである。このようにして彼女は同性愛の遍歴を重ねた結果、この「いかがわしい」噂のある二八歳くらいの女性に激しい愛情を抱くようになったというわけである。

彼女のこの女性に対する愛情は、エディプス・コンプレックスの痕跡を残している。年上の女性が若い女性を愛する同性愛のタイプではなく、子供が父親や兄を愛する同性愛のタイプとなった。彼女はこの年上の女性に対して、あたかも兄に対するように敬愛と尊敬の心を抱き、若い男性が高名な女性芸術家を愛する場合のように、自己を滅却して、ひたすら相手の愛のおこぼれをありがたく頂戴するタイプの愛となったのだった。娘はこの女性に対して「恋する男にみられる謙虚さと性的な対象への過大評価、あらゆるナルシシズム的な満足の放棄、愛されることよりも愛することそのものを優先するという男性に固有の態度」(7)を示したのだった。

自殺の試みの背景

この娘は、この女性と一緒にいるところを父親に目撃され、その直後に衝動的に自殺を試みたのであるが、この自殺の試みは結果的には、彼女の両親から妥協的な態度をひきだし、愛する相手からも彼女の真摯な情熱を認めてもらうという大きな利得をもたらした。ただし彼女はこれを目指して自殺を試みたわけではなかった。彼女は自殺の直前に、たまたま散歩の途中で遭遇した父親から厳しいまなざしで睨まれた後に、愛する女性に父親から彼女の同性愛を厳しく咎められたことを告げ、そのためにこの女性から、自分にそうした愛情を抱くことを禁じられて絶望したのだと説明しているが、フロイトはこの説明をまったく信じていない。

第一に、この父親と二人との遭遇は偶然なものではなく、彼女がそうした遭遇が起こるような時刻と場所を狙って、わざと父と出会うように仕組んでいたらしい。ここにフロイトは、彼女の自罰欲動をみいだす。いかがわしい女性と散歩しているところをみせつけることで、父親の怒りを引きだし、父の怒りを恋する女性に告げることで、みずから二人の仲を破綻に追い込んだのである。このように自分の恋愛をみずから破滅させ、それによって自分の死をもたらそうとすることは、自己破壊的な傾向の現れにほかならない。

この自己破壊的な傾向の背後には、両親が娘を溺愛していたという事情が考えられるだろう。日本のかつての武士たちは、自分が忠誠を誓っていた主人に、自分の忠誠心を裏切るようなことをされたと感じたときに、腹を切るという突発的な行動を示すことがあった。自分が忠誠を捧げる人物が、自分の忠誠心にしっかりと応じないのであれば、腹を切って、主人に損をさせてやろうというのである。

娘のこの自殺にも、そのような気配がある。娘は自分の同性愛を貫くことを願っていた。そして両親にも、自分の生きがいである同性愛を認めてほしいと願っていた。

しかし両親がそれを認めようとしないので、自殺することで、自分を愛してくれる両親に苦しみを与えようとしたのである。実際に娘が自殺の企図を示すことで、両親は娘の同性愛を容認する姿勢に転じたのであった。

第二にフロイトはここに願望の充足をみいだす。これは二通りに考えることができる。一つは、精神分析においては、飛び下りるということが、分娩を意味すると解釈できることに依拠している。彼女は自殺するために市電の堀へと身を投げたのだが、これは分娩することを意味するという。フロイトのユニークな解釈によると、父親は彼女に子供を与えるべきであった。しかし父親は彼女ではなく母親に子供を与えた。そこで「父親の子供を産みたいという願望の充足を表現(8)」することで父親の「罪」を許し、同時に、父親の罪を罰するために、身を投じたのだという。

父親は彼女に子供を与えないことで、彼女を同性愛に追いやったのであるから、彼女は分娩する（身を投げる）ことで、子供を与えてくれなかった父親の罪を、なかったこととして許すことができるし、同時に同性愛に陥った彼女の自殺によって、父親を罰することができるのである。

そして父親は娘にこの女性と別れることを命じたが、この女性もまた父親の禁止命令を聞いて、自分と別れることを命じたのであり、自殺することによってこの命令にしたがうことで、娘は父親に服従すると同時に、父親を罰することにも成功するわけである。

もう一つの解釈の道筋は、自殺には、たんに自分の生命を断つということだけではなく、「自殺しようとする人が自分と同一化してきた対象もまた自分とともに殺そうとする」か、あるいは「別の人に向けられていた死の願望を自分自身に向ける(9)」という意味があると考えることである。自殺する人は、死ぬことによって自分だけでなく、自分が同一化している人も殺すことができるのである。

娘は自殺することで、父親を罰することができたが、それとは別に、自分が同一化していた母親も罰することができたのである。「この娘の場合には、彼女は母親が、[父親によって]自分には与えられなかった幼い弟を出産したことを許せなかったのであり、母親はこの弟の出産の際に、死ぬべきだったのである。そして娘は母親と同一化していただけに、この自己の処罰は同時に[母親の死という]願望の実現を意味したのである(10)」。

この症例を分析することによって、若い女性の同性愛の背後に、両親との錯綜した愛情の関係がひそんでいることが明らかにされた。エディプス・コンプレックスの克服の過程において、同性愛がいかにして発生しうるかを、ごく短い間の精神分析によって洞察したフロイトの手際は見事であると言えるだろう。

フロイトはこれらの事例分析によって、人間の性愛というものが、いわゆる正常なパターンをたどることがいかに困難であるか、幼い頃の母親への愛情の固着や、エディプス・コンプレックスの影響などによって、人間の性愛のうちにいかにして倒錯的な要素が含まれてくるかを示したのである。そしてフロイトはある意味では、こうした倒錯が現代の文明においては不可避なものであると考えていた。次に「〈文化的な〉性道徳と現代人の神経質症」の文章を読みながら、フロイトの性愛論を文明論の枠組みで考察してみることにしよう。

第五章　文化と性愛

神経症と性的な欲求不満

フロイトが精神分析を志すきっかけとなったのは、一八八五年にフランスのシャルコーのところで学んだ経験が大きな意味をもっていた。そこでフロイトは、女性の神経症の重要な原因が、夫との性交渉が十分に行われないことにあることを学んだのである。フロイトはある回顧の文章で、その当時彼が学んでいた医師のシャルコーが、妻が重い神経症で、夫がインポテンツに悩んでいるカップルの治療について、「いつだって問題は生殖行為ですよ」(1)と語りながら、性行為を身振りで示したのを目撃した。フロイトは「一瞬ほとんど全身が硬直するほど私は仰天し、知っているのなら、なぜ彼はそれを口に出さないのだろう」(2)と、いぶかしく思ったのだった。

ウィーンに戻ってからも、恩人のウィーンの著名な婦人科医だったルドルフ・クローバクから重い神経症の女性患者を引き受けてほしいと頼まれた。この女性にふさわしい唯一の処方は、次のようなものだが、それを医者として処方するわけにはゆかないと嘆かれたのだった。「処方。正常ナルペニスノ服用ヲ　反復!」(3)。

この処方にフロイトは、「わが恩人のあまりのそのものずばりの辛辣さぶりには、頭を振りたくなった」(4)と困惑の気持ちを表明しているだけである。精神分析の医師としては、患者の神経症の重要な直接的な原因が性的な欲求不満にあるとしても、その原因を性行為によって直接に解消させるという処方を与えることはできない。患者の無意識のうちで抑圧されているものを言語化し、意識に昇らせることで、症状を解消することを目指すしかないのである。欲求不満の人がすべて神経症にかかるわけではないからである。

しかし性的な欲求不満という事実そのものは変えることはできない。フロイトはやがて神経症の治療とは別に、性に対して抑圧的な西洋の社会において、性愛が果たす役割について、文明論的に考察するようになる。その最初の現れが、一九〇八年の「〈文化的な〉性道徳と現代人の神経質症」という本書の最後の七番目の論文である。この論文は、現代社会において性的な欲動を適切に発展させることができない人々が、性倒錯と神経症に悩まされていることを指摘し、西洋の社会の抑圧的な性格を指弾するものだった。後年の一九三〇年の『文化への不満』において、この社会的な抑圧への批判は明確な形をとるが、すでにこの一九〇八年という時点で、フロイトの社会批判の論拠と批判の筋道は明確に定められている。

一八八五年のパリでの経験から、一九三〇年の文明批判にいたるまで、フロイトの文明批判の道筋はまっすぐに伸びている。精神分析を始めるきっかけとなったのは、神経症を治療する可能性を実現する手だてがフロイトにはっきりとみえたからだったが、フロイトにとって女性の神経症の直接の原因としての性的な抑圧の解消は、最初から大きな課題だったのである。

公認の性愛

フロイトの西洋社会の批判の道筋を、この論文に沿って簡単に要約してみることにしよう。フロイトが精神分析の方法論を確立した際の重要な手掛かりとなったのは、望ましくない表象が抑圧されて無意識の領域に追いやられるという神経症の発生メカニズムを解明し、それを意識化することで、神経症の症状が解消できるという発見だった。これを明確に語っているのが『ヒステリー研究』、なかでもアンナ・O嬢の症例だった。

このようにして抑圧される表象のうちで、とくに重要な意味をもっていたのが、性的な表象だった。当時の社会では女性が、そうした表象を意識化することも、言語で表現することも、「はしたない」こととして禁じられていたのである。西洋の社会は、女性がそのような性的な欲望をもつということを認めようともしなかったのである。

フロイトはしかし幼児の時期からすべての人間が性的な欲望の充足を求める生き物

であることを解明してきたのであり、幼児の欲望は性的にみて「多形倒錯」という形をとるものであることを明らかにしてきた。人間は幼い頃から、成人であれば性的な倒錯として断罪されるような多様な性的な欲望に動かされた存在であるというのが、フロイトの重要な発見だった。

人間は思春期以降の時期に、異性愛だけが「正常な」愛の形であることを学び、しかもさまざまな部分欲動ではなく、性器の結合を目指す愛だけが「正常な」性の活動であることを教えられるのである。それだけではない。西洋の社会においては、こうした異性愛を追求することができるのは、合法的に認められた夫婦の間だけであることが、社会道徳として確立されている。「性器を使った異性愛というこの公認の性愛には、さらに別の制約が加えられている。この性愛は、一夫一婦制という公的な正当性を認められた関係のうちに限らねばならないのである(5)」。このように一夫一婦制のもとで、性器の結合だけを目的とした性交渉だけが、「正常」で適切な性愛の形として規定され、それ以外のすべての愛と性の形は倒錯として断罪されるのである。

文化発展の三段階

このようにして西洋の文化は、性欲動をごく限られた水路だけに流し込むように、人間を調教してきたのだった。フロイトは文化の発展の段階で、性欲動の抑圧は三段階を経由して行われてきたと考えている。第一段階は、いかなる抑圧も行われない段階である。第二段階においては、性の欲動は種の繁殖を目指すものだけに限られるようになる。「種の繁殖を目指す性的な欲動を除くすべての性的な欲動が抑圧される段階である」(6)。この段階には二つの禁止が含まれている。同性愛の禁止と性器的な結合以外の性的な活動の禁止である。

この二つの禁止は別のものであるが、どちらも種の繁殖を目的とするならば、必然的に要請される禁止である。まず同性愛は、種の繁殖をもたらさない。そもそも性器的な結合を行うことがないからである。また性器的な結合以外の性的な活動も、種の繁殖をもたらさない。異性愛においては、性器的な結合でないさまざまな性的な交渉が可能なのである。だから禁止の厳しさで考えると、性愛の活動の対象そのものの逸脱を禁じる同性愛の禁止が先に立つ第一の禁止と考えるべきだろう。

このようにして同性愛のような性対象倒錯が禁止されても、異性との間ではまださまざまな性交渉の可能性が残されている。そこで第二の禁止規定として、性対象の倒錯のない異性愛においては、性器以外の性感帯を目標とする性行動を禁止することになる。これは性器的な結合以外の性目標の倒錯を禁止するものである。

第三の段階は、この異性愛における第二段階の第二の禁止をさらに厳格にするものである。たんに異性を相手として選択し、性器的な結合を行うことを要求するだけではなく、その結合を行う相手を、結婚という儀礼と制度を基礎にした夫婦だけに限定するものである。この第三段階は、「合法的な［一夫一婦制の］生殖活動だけが、性目標として容認される段階である(7)」。

倒錯と逸脱の発生

このようにして第二の段階において性対象倒錯と性目標倒錯が禁止されただけでなく、さらに第三の段階でこれに対象選択についての制度的な禁止が追加されたのである。これによって、多くの人間が性的な欲動を満足させることができなくなる可能性があることをフロイトは指摘する。フロイトは幼児期には誰もが多形倒錯であったために、幼児期のこうした倒錯をそのまま残している人間が多いと考えている。異性には愛情や性的な欲望を感じない人は多いし、フェティシズム、サディズム、マゾヒズムなど、性対象倒錯の傾向のある人も多いのである。

それでは、倒錯的な欲動の強い人間はどうすればよいのだろうか。こうした欲動が激しい人間は、社会のうちではうまく生きることができず、アウトローになるか、社会的な脱落者となるしかないだろう。こうした欲動がそれほど激しくない人は、自分の欲動を抑えて生きることもできるだろうが、こうした人が文化的に貢献することは困難になるだろう。こうした人は、「自分の性的な欲望を抑えつけるという仕事のために、本来であれば文化的な仕事のために振り向けることができたはずのすべての力を使い果たしてしまう(8)」と考えられるからである。

夫婦において発生する弊害

これは文化的な業績を実現することを妨げる負の要因となるが、さらに個人的な生活においても、いくつもの好ましくない影響が発生することをフロイトは指摘する。第一が神経症の発病である。幾重もの禁止命令によって性的な満足をえられなくなった人が増え、これらの人々は神経症を発病するだろう。「塞きとめられたリビドーは、性生活の構造に存在している脆弱な部分をみつけてそこから溢れ出して、病的な症状という形で、神経症的な代替満足をみいだそうとする」(9)からである。

第二は、夫婦の関係の悪化である。「正常でない」性的な行為がすべて禁止されることで、制度的な夫婦の枠外での性交が禁じられるだけでなく、夫婦の間での性的な満足を享受できる期間は短縮され、夫も妻も、一夫一婦制という制度のありかたに幻滅してしまう。こうして「多くの結婚生活の末路は精神的な幻滅と肉体的な不満にほかならなくなる」(10)とフロイトは指摘する。まず夫は、厳格な禁止命令によって自分の倒錯的な性欲動を満たすことができず（誰もが倒錯的な性欲動をもっているのである）、そのために欲求不満になっている。たしかに夫に対しては社会のうちで暗黙的に夫婦の枠外での性交渉を容認しようとする「〈二重の〉性道徳」(11)が適用されることが多いが、それは社会の基本的な道徳規範に反するものであり、妻との性交渉において夫に十分な満足を与えるものではない。そのために夫は不満を抱えたまま妻に向き合うことになり、心的インポテンツの傾向が強まるのである。

さらに妻の側でも、結婚の前には大きな期待を抱かされていた夫婦の愛の営みが、夫のインポテンツのために失望をもたらすものとなり、大きな幻滅を抱くようになる。

さらに夫が性的な欲求を妻とともに十分に満たそうとしても、妻は結婚までの教育と親の命令のために、これをそのまま受け入れ、自分の性的な欲望を享受することができない。フロイトが指摘するように、結婚するまでは性的な活動を抑圧してきた女性たちが結婚すると、心のうちでは親との結びつきが強く残っているために、「妻は身体的には不感症になり、それが夫の強く求めているあらゆる性的な喜びの享受を妨げてしまう[12]」ことになりかねない。そして妻は性的な喜びを味わうことなしに、「苦痛を伴う出産をたびたび繰り返すことを嫌う[13]」ようになり、やがては性的な営みも避けるようになるだろう。

妻がこの隘路から逃れる道は姦通であり、フランスの多くの小説は、この道での女性の性的な満足の追求を描いている。しかし「女性が厳格な教育を受けているほど、そして文化の要求に真面目にしたがっているほど、この姦通という抜け道を利用することを嫌う[14]」ものであり、そうした欲求を積極的に追い求めるような強さをもった女性は少ない。このために妻はどうしても神経症にかかりやすくなるのである。「神経症にかかることほど、女性の道徳性が確実に守られる方法はない[15]」というフロイトの言葉は皮肉である。

このようにして性的な禁欲の掟は、夫婦に大きな弊害をもたらしている。多くの結婚生活で、夫の側では欲求不満による心的インポテンツが発生し、妻の側では欲求不満による神経症が発生している場合が多いとフロイトは診断している。これはたんに夫婦の間で夫が妻に、妻が夫に不満を抱くだけではなく、生殖による人類の存続という結婚生活の目的そのものを害することになる。夫はインポテンツであり、妻は不感症であり、夫も妻も性的な交渉に喜びをみいだすことができず、結局は「結婚生活を準備するための［禁欲という］活動が、結婚の目的そのものを否定する結果になる」(16)からである。

やがては夫婦は双方の不満を隠すために、性器の結合を目指さない性的な行為にふけるようになりかねない。というのも生殖を目指す性的な交渉は、妊娠による子沢山という望ましくない結果を導くからであるが、それだけではない。性行為は「性病の伝染の恐れから、衛生的な観点からも非難されるようになったのであり、性器以外の身体部位を性器の代わりに利用しようとする男女間の倒錯的な性行為が、社会的な意義をもつように(17)」なってくるのは、時代の勢いである。

しかしフロイトはこのような倒錯的な性行為は、「二人の人間のあいだの性愛関係という真面目な人間的な行為を、危険もなく、魂の抜けた安直な遊戯としてしまうものであり、道徳的にも許し難い(18)」ものであると非難する。それだけではなく、こうした行為は同性愛の流行を招き、さらに人類の生殖という目的そのものを否定することになり、結婚という制度の本来の目的を否認するものとなるだろう。

この禁欲が文化に貢献する道が一つだけある。それは禁欲によって蓄積された性的なリビドーを「昇華」という道によって文化的な業績の実現へと向ける道である。しかしこのような方法で自分の創造的な能力を発揮することのできる人間はごく限られたものであり、社会の大多数の人々には、この道は閉ざされたままなのである。

キリスト教的な性道徳と西洋社会

そもそもキリスト教は人間の性的な活動を、生殖を目的として、夫婦の間だけで行うべきものであることを信徒たちに教え込んだのであり、この生殖を目的とする性交渉においては、夫婦の間でも快楽を享受することを禁止してきた(19)。このキリスト教的な性道徳に依拠した西洋の社会は、禁欲を重視するあまり、社会を構成する家庭生活における夫婦の快楽の享受を否定的なまなざしで眺めるものであった。

そうしたまなざしは、社会にとっては文化的な業績にとって好ましくない結果をもたらすだけでなく、社会の根底である家庭の生活を蝕んでいると、フロイトは考えるのである。そもそも「文化の発展目標のうちには、個人の幸福や満足を高めるという目標が含まれている」[20]ことを忘れるべきではないことを、結論としてフロイトは強調する。フロイトの性愛の理論は、たんに人間の男女の性的な関係についての考察にとどまらず、文明論にまで及ぶ広い視野と展望に基づいたものであったのである。

注

第一章

（1）フロイト『性理論三篇』。邦訳は『エロス論集』中山元編訳、ちくま学芸文庫、二七ページ。
（2）同。
（3）同。邦訳は同、一八七ページ。
（4）同。邦訳は同、一〇六ページ。

（5）同。邦訳は同、一一二ページ。
（6）フロイト「幼児の性器体制」。邦訳は同、二〇五ページ。
（7）同。
（8）フロイト「エディプス・コンプレックスの崩壊」。本書一六二〜一六三ページ。
（9）同。本書一六三ページ。
（10）同。
（11）フロイト「自我とエス」。邦訳は『自我論集』中山元訳、ちくま学芸文庫、二二三ページ。
（12）フロイト「解剖学的な性差の心的な帰結」。本書一七九ページ。
（13）同。本書一八〇ページ。
（14）フロイト「エディプス・コンプレックスの崩壊」。本書一六八ページ。
（15）フロイト「解剖学的な性差の心的な帰結」。本書一八四ページ。
（16）フロイト「自我とエス」。邦訳は前掲の『自我論集』二二三ページ。
（17）フロイト「解剖学的な性差の心的な帰結」。本書一八五〜一八六ページ。

第二章

（1）フロイト「男性における対象選択の特殊な類型について」。本書一一ページ。
（2）同。本書一〇ページ。
（3）同。本書一二ページ。
（4）同。本書一三ページ。
（5）同。本書一四ページ。
（6）同。本書一五ページ。
（7）同。本書一八ページ。
（8）同。本書二〇ページ。
（9）同。本書二二ページ。
（10）同。本書二三ページ。
（11）同。本書一九ページ。
（12）同。本書二八ページ。
（13）フロイト「性愛生活が多くの人によって貶められることについて」。本書三一ページ。

（14）同。
（15）同。
（16）同。本書三二〜三三ページ。
（17）フロイト『精神分析入門』第二一講。邦訳は『フロイト著作集』第一巻、人文書院、二七二ページ。ただし訳文は手を加えてある。
（18）フロイト「性愛生活が多くの人によって貶められることについて」。本書三五ページ。
（19）同。
（20）同。
（21）同。本書三七ページ。
（22）同。本書三八ページ。
（23）同。
（24）同。本書三八〜三九ページ。
（25）同。本書三九ページ。
（26）同。

(27) 同。本書四二ページ。
(28) 同。
(29) 同。本書四三ページ。

第三章

(1) フロイト「処女性のタブー」。本書七六ページ。
(2) 同。本書八〇ページ。
(3) 同。
(4) 同。本書七八ページ。
(5) 同。
(6) 同。本書七九ページ。
(7) 同。本書七八ページ。
(8) 同。本書七六～七七ページ。
(9) 同。本書八四ページ。
(10) 同。本書八五ページ。

（11）同。本書七八ページ。

第四章

（1）フロイト「ある女性の同性愛の事例の心的な成因について」。本書一一四ページ。
（2）同。
（3）同。本書一一八ページ。
（4）同。本書一一九ページ。
（5）同。本書一一六〜一一七ページ。
（6）同。本書一一六ページ。
（7）同。本書一一二ページ。
（8）同。本書一二八ページ。
（9）同。本書一二九ページ。
（10）同。本書一三〇ページ。

第五章

（1）「精神分析運動史」。邦訳は同、二六二～二六三ページ。『フロイト著作集』第一〇巻、人文書院、二六二ページ。

（2）同。

（3）同。

（4）同。

（5）フロイト『文化への不満』。邦訳は『幻想の未来／文化への不満』中山元訳、光文社古典新訳文庫、二〇八ページ。

（6）フロイト「〈文化的な〉性道徳と現代人の神経質症」。本書二〇七ページ。

（7）同。

（8）同。本書二〇九ページ。

（9）同。本書二一七ページ。

（10）同。本書二一八ページ。

（11）同。本書二一九ページ。

（12）同。本書二二五ページ。

(13) 同。

(14) 同。本書二二〇ページ。

(15) 同。

(16) 同。本書二二五ページ。

(17) 同。本書二二九ページ。

(18) 同。本書二三〇ページ。

(19) 西洋のキリスト教的な道徳が、夫婦の性的な営みは生殖だけを目的とすべきであって、夫婦の間での快楽の享受を禁じるものであったことについては、中山元『賢者と羊飼い』(筑摩書房)を参照されたい。

(20) フロイト「〈文化的な〉性道徳と現代人の神経質症」。本書二三六ページ。

フロイト年譜

一八五六年
東欧のモラビア（現チェコ共和国東部）の町フライブルクのユダヤ人商人の一家の長男として生まれた。ただしフロイト家はその頃にはユダヤ教の儀礼は採用しておらず、わずかに年数回のユダヤの宗教的な祭を祝うにすぎなかった。しかしユダヤ人としての出自は消えず、フロイトは父が町でユダヤ人にたいする嫌がらせで帽子を叩き落とされて、屈辱を味わわされるのを目撃している。この事件は父親にたいするアンビヴァレント（両義的）な感情を高めるとともに、ユダヤ人であることの意味を考えさせることになった。

一八六〇年　四歳
フロイト一家、ウィーンに移住。経済的には苦しい生活を強いられる。フロイトはウィーンは嫌いだと語ることが多かったが、事態が絶望的になるまでは、決してウィーンを離れようとはしなかった。

一八七三年　一七歳
ウィーン大学医学部に入学。生理学者

のブリュッケのもとで学び、顕微鏡によるザリガニの神経細胞の研究で優れた業績をあげている。一八八一年に医学の学位を取得。翌年には、マルタ・ベルナイスと出会って、婚約する。

一八八五年　二九歳
パリを訪問して、シャルコーの有名なヒステリー治療の講義に出席する。それまでにフロイトは、コカインの利用に関する論文を発表して注目されていたが、このときの強烈な体験で、心理学の分野に進むようになる。

一八八六年　三〇歳
ウィーンで神経症の治療を開始する。この治療の経験がやがてブロイアーとの共著『ヒステリー研究』(一八九五年)に結実する。この年、マルタと結婚。

一八九五年　三九歳
『ヒステリー研究』刊行。どれも興味深い症例だが、アンナ・O嬢の分析は、フロイトが催眠術を利用するのをやめて、患者に語らせる「カタルシス」療法を始める決定的なきっかけとなる。

一九〇〇年　四四歳
『夢解釈』(邦訳は『夢判断』)を刊行。すでに一八九五年頃から神経症の治療というよりも精神分析というべき治療法を確立していたが、その重要な方法が患者に夢を語らせることであった。見た夢について患者に尋ねることで、患者の無意識があらわになることが明らかになってきたのである。「夢の解釈は、精神生活の無意識を知るための王道だ」と考えていたフロイトはこの著書で、主として自分の夢を手掛かりに、無意識の表象の重層的な意味の分析方法を明かしたのである。

一九〇一年　四五歳

『日常生活の精神病理学』を刊行。フロイトにとって、無意識が存在することを示す兆候は、三つあった。神経症という病、夢、そして日常生活におけるうっかりした言い間違えや忘却などである。すでに疾患と夢について考察していたフロイトは、この書物でこの第三の兆候について詳細に検討した。

一九〇二年　四六歳

ウィーンのフロイト宅で水曜日ごとに私的な集まりを開くようになった。これがウィーン精神分析協会の始まりである。この協会には、フェレンツィ、ランク、アドラーなどが集まった。後にはアーネスト・ジョーンズが参加してロンドンに精神分析協会を設立し、やがてユングも参加してチューリッヒに精神分析協会を設立する。こうしてフロイトの精神分析の運動は、世界的な広まりをみせるようになる。そして弟子や仲間たちの背反の歴史も始まる。

一九〇五年　四九歳

『性理論三篇』刊行。精神分析の中核となるのは、幼児期の性的な体制の理論とエディプス・コンプレックスの理論であるが、これらの理論を明確に提示したのが、この重要な理論書である。
また同年に、『あるヒステリー患者の分析の断片』を発表（症例ドラ）。これは分析が失敗に終わったドラの分析記録であり、以後フロイトは重要な症例分析を次々と発表する。ウィーン精神分析協会の参加者の一人の息子ハンスの動物恐怖症を分析した記録『ある五歳男児の恐怖症分析』（一九〇九年、症例ハンス）、強い父親コンプレックスに悩まされていた強迫神経症の患者の分析である『強迫神経症の一症例に関する考察』（一九〇九年、症例・鼠男）、ドイツの裁判官のパラノイアの分析として名高い『自伝的に記述されたパラノイア（妄想性痴呆）の一症例に関する精神分析的考察』（一九一一年、症例シュレーバー）、ロシアの貴族の強迫神経症の分析である『ある幼児期神経症の病歴より』（一九一八年、症例・狼男）は、フロイトの五大症例として有名であり、精神分析の世界ではいまなお模範的な症例分析とされている。

一九一四年　五八歳

『ナルシシズム入門』発表。第一次世界大戦の勃発にともなう政治的、文化的な危機と、極限状態における人々の異様な反応は、フロイトにそれまでの理論的な体系の再検討を促すものだった。こうしてフロイトはメタ心理的な理論を構築するようになる。そのきっかけとなったのがナルシシズム論の再検討だった。この状況は「戦争と死に関する時評」（一九一五年）にありありと描かれている。

一九一五年　五九歳

『欲動とその運命』刊行。この書物はフロイトの新しいリビドー論を展開するものであり、新たな理論構想が胎動したことを告げる書物である。その後「抑圧」「無意識について」などのメタ心理学の論文が次々と発表される。

一九一七年　六一歳

メタ心理学の論文のうちでも、フロイトにとってとくに重要な意味をもっていたのが、死と喪についての論文「喪とメランコリー」である。この論文でフロイトは新しいリビドーの理論をナルシシズムの理論と結びつけて展開する。これが後に死の欲動という新しい理論に結実することになる。

一九二〇年　六四歳

『快感原則の彼岸』刊行。これはそれまでの自己保存欲動とエロス欲動という二元論的な構成を、死の欲動とエロスの欲動という二元論に組み替えるにいたった注目すべき論文である。ラカンなど、後の精神分析の理論家に大きな影響を与える書物となる。

一九二三年　六七歳

『自我とエス』刊行。新しい欲動論が登場したため、自我の審級論にも手直しが必要となる。後期のフロイトの自我の局所論を示す重要な著作。この年、口蓋部に癌を発病。以後、長くこの病に悩まされる。晩年のフロイトは体調不良の中で執筆をつづけることになる。

一九二七年　七一歳

『幻想の未来』刊行。フロイトの宗教批判を初めて明確なかたちで訴えた書物。宗教だけではなく、宗教という「病」を生んだ西洋の社会にたいするまなざしも鋭い。

一九三〇年　七四歳

『文化への不満』刊行。『幻想の未来』の論調をうけつぎながら、西洋の文化と社会にたいする批判をさらに研ぎ澄ませた書物。超自我と良心の理論、昇華の理論、不安の理論など、それまでの精神分析の理論的な成果を文明批判に応用することによって、精神分析がたんに患者の治療に役立つだけではないことを示したのである。精神分析の理論が政治理論の分野に進出した異例な書物でもある。

一九三三年　七七歳

ヒトラーがドイツで権力を掌握。オーストリアもファシズム国家になる。ユダヤ人迫害も厳しさをまし、国際連盟の無力さがやがて明らかになることになる。この前年フロイトはアインシュタインと書簡を交換し、人間が戦争に赴く理由について考察した「人はなぜ戦争をするのか」を書き、この年に発表している。この書簡のペシミズムは、その後のフロイトを支配する主要な傾向の一つとなる。

またこの年に、『精神分析入門（続）』を刊行。これは『精神分析入門』（一九一六〜一九一七年）の続編として、フロイトの後期の理論体系を講義としてわかりやすく語ったものである。

一九三八年　八二歳

ドイツがオーストリアを占領。ヒトラーがウィーンに到着した三月一三日以降、ウィーンではユダヤ人迫害の嵐が吹き荒れる。三月一五日にはフロイトの自宅が家宅捜索され、二二日には娘のアンナが逮捕され、ゲシュタポに連行されたが、無事に帰宅できた。六月四日にフロイト一家はウィーンを離れ、六日にはロンドンに到着した。しかしフロイトの五人姉妹のうちの四人までが収容所やゲットーで死亡することになる。

一九三九年　八三歳

フロイトの西洋文明とキリスト教批判の最後の言葉である『モーセと一神教』刊行。『トーテムとタブー』（一九一三年）の原始社会の誕生に関する考察を敷衍しながら、この書物で検討していたトーテミズムを端緒とする西洋の宗教の歴史の全体を展望する壮大な書物である。また同時に、ユダヤ教についての長年の考察をまとめ、さらにキリスト教批判と、ユダヤ人迫害の背景についても考察した遺著となる。この年の九月二三日、癌のために死去。

訳者あとがき

本書には、フロイトが人間の性と愛についてどのように考えていたかを教えてくれる興味深い論文を集めた。本書の中核をなすのは、フロイトが一九二四年に『〈愛情生活の心理学〉への寄与』としてまとめた三本の論文である。これらはフロイトが『性理論三篇』に提示した性愛原論の応用編であり、その具体的な分析の内容を示したものとして注目される。

その第一論文は、一九一〇年に発表された「男性における対象選択の特殊な類型について」である。これは思春期以降になって男性が行う対象選択が、いかに幼年期の母親への愛着に規定されているかを、その類例にみられる特徴から詳細に分析するものである。

第二の論文は、一九一二年に発表された「性愛生活が多くの人によって貶められることについて」である。これは男性の心的インポテンツの遠因が、幼年期における母親や姉妹への近親相姦的な愛着に由来するものであることを示すものであって、第一論文をさらに敷衍したものといえるだろう。

第三の論文は、一九一八年に発表された『神経症理論のための小論集』に収録された「処女性のタブー」である。この論文は未開民族において結婚の初夜の前に、儀式的に花嫁の破瓜が行われる風習を手掛かりに、男性が花嫁の処女を重視するとともに、処女膜を破ることに対する恐れの気持ちを無意識のうちにもっていることを暴きだしたものである。これは結婚まで性的な交渉を禁止されていた女性の期待の大きさと、その幻滅の可能性に根差したものであり、「〈文化的な〉性道徳と現代人の神経質症」の論文に通じるものをそなえている。

第四の論文は、一九二〇年に発表された「ある女性の同性愛の事例の心的な成因について」である。この論文では、ある若い女性の同性愛が、両親にたいするエディプス・コンプレックスの固着のために生まれたものであることを、さまざまな観点から論じている。

第五と第六の論文は、一九二四年に発表された「エディプス・コンプレックスの崩壊」と、一九二五年に発表された「解剖学的な性差の心的な帰結」である。これらの論文はエディプス・コンプレックスの概念が確立された後に、フロイトが性愛についての総括を行った論文であり、性愛原論を確定したものである。

第七の論文「〈文化的な〉性道徳と現代人の神経質症」は、一九〇八年に発表されたもので、これまでの論文が性愛のメカニズムについての考察であったのに対して、この論文は西洋の文化的なありかたと性愛の関係を考察している。この論文は一九三〇年に書籍として刊行された『文化への不満』に先駆けるものであり、幼児期の多形的な性的倒錯が、社会の禁欲の掟のためにいかにして復活してくるかを示したものとして興味深い。

なお第五と第六の論文は、フロイト『エロス論集』(中山元編訳、ちくま学芸文庫)に掲載した訳文に手を加えたものであるが、その他の論文は本書のために新たに訳したものである。

＊　＊　＊

本書はいつものように、光文社古典新訳文庫の創刊編集長である駒井稔さんと編集者の今野哲男さんの励ましをきっかけとし、翻訳編集部の中町俊伸さんのこまやかなご配慮と、編集者の中村鐵太郎さんの細かな原文チェックを支えとして誕生したものである。いつもながらのご支援に、心から感謝の言葉を申しあげたい。

中山元

本書収録の「ある女性の同性愛者の事例の心的な成因について」と題する論文は、当時最先端の知見に基づいて書かれたものです。しかしながら「精神分析によって治癒する」「正常に戻してほしい」「こうした心的な障害」「精神を病んでいる」など、同性愛を治療が必要な精神疾患として扱う記述や、こうした性的指向を「倒錯」と表現するなど、今日の観点からみて不適切な表現が用いられています。

本論文は、フロイトが自身の確立した精神分析理論を用いて同性愛のメカニズムを解明しようとしたものですが、本論文が発表された二〇世紀初頭の欧州では、同性愛を忌避する傾向が根強く、非合法とする国も珍しくありませんでした。現在では、WHO（世界保健機関）及び、日本精神神経学会が表明しているように、同性愛は治療の対象ではありませんし、性的指向に多様性があることはご承知のとおりです。

しかしながら、当時の社会状況下において、同性愛を分析対象とした本論文の意義及び、精神分析という学問の進展を深く理解するため、編集部では、これらの表現についても原文に忠実に翻訳することを心がけました。また、訳者による解説においても、本論文中の訳語をそのまま使用しています。それが今日にも続く性的マイノリティへの人権侵害や差別問題を考える手がかりとなり、ひいては本論文の歴史的・学術的価値を尊重することにつながると判断したものです。差別の助長を意図するものではないことをご理解ください。

編集部

光文社古典新訳文庫

フロイト、性《せい》と愛《あい》について語《かた》る

著者　フロイト
訳者　中山《なかやま》元《げん》

2021年7月20日　初版第1刷発行

発行者　田邉浩司
印刷　新藤慶昌堂
製本　ナショナル製本

発行所　株式会社光文社
〒112-8011東京都文京区音羽1-16-6
電話　03（5395）8162（編集部）
03（5395）8116（書籍販売部）
03（5395）8125（業務部）
www.kobunsha.com

ISBN978-4-334-75447-1 Printed in Japan

いま、息をしている言葉で、もういちど古典を

長い年月をかけて世界中で読み継がれてきたのが古典です。奥の深い味わいある作品ばかりがそろっており、この「古典の森」に分け入ることは人生のもっとも大きな喜びであることに異論のある人はいないはずです。しかしながら、こんなに豊饒で魅力に満ちた古典を、なぜわたしたちはこれほどまで疎んじてきたのでしょうか。

ひとつには古臭い教養主義からの逃走だったのかもしれません。真面目に文学や思想を論じることは、ある種の権威化であるという思いから、その呪縛から逃れるために、教養そのものを否定しすぎてしまったのではないでしょうか。

いま、時代は大きな転換期を迎えています。まれに見るスピードで歴史が動いていくのを多くの人々が実感していると思います。

こんな時わたしたちを支え、導いてくれるものが古典なのです。「いま、息をしている言葉で」——光文社の古典新訳文庫は、さまよえる現代人の心の奥底まで届くような言葉で、古典を現代に蘇らせることを意図して創刊されました。気取らず、自由に、心の赴くままに、気軽に手に取って楽しめる古典作品を、新訳という光のもとに読者に届けていくこと。それがこの文庫の使命だとわたしたちは考えています。

このシリーズについてのご意見、ご感想、ご要望をハガキ、手紙、メール等で翻訳編集部までお寄せください。今後の企画の参考にさせていただきます。
メール　info@kotensinyaku.jp

光文社古典新訳文庫　好評既刊

人はなぜ戦争をするのか エロスとタナトス
フロイト　中山元 訳
人間には戦争せざるをえない攻撃衝動があるのではないかというアインシュタインの問いに答えた表題の書簡と、「喪とメランコリー」、『精神分析入門・続』の二講義ほかを収録。

幻想の未来／文化への不満
フロイト　中山元 訳
理性の力で宗教という神経症を治療すべきだと説く表題二論文と、一神教誕生の経緯を考察する「人間モーセと一神教（抄）」。後期を代表する三論文を収録。

ドストエフスキーと父親殺し／不気味なもの
フロイト　中山元 訳
ドストエフスキー、ホフマン、シェイクスピア、イプセン、ゲーテ……。鋭い精神分析的な考察で文豪たちの無意識を暴き、以降の文学論に大きな影響を与えた重要論文六編。

モーセと一神教
フロイト　中山元 訳
ファシズムの脅威のなか、反ユダヤ主義の由来について、みずからの精神分析の理論を援用してユダヤ教の成立とキリスト教誕生との関係から読み解いたフロイトの「遺著」。

フロイト、夢について語る
フロイト　中山元 訳
夢とは何か。夢のなかの出来事は何を表しているのか。『夢解釈』の理論の誕生とその後の展開をたどる論考集。「願望の充足」「無意識」「前意識」などフロイト心理学の基礎を理解する。

★続刊

今昔物語集　作者未詳／大岡 玲・訳

平安時代末期に編纂された日本最大の仏教説話集。道徳的で無害な世界ではなく、人間くさい、この世のありとあらゆる「業」にまつわる説話は、芥川龍之介が「美しい生《な》ま々しさ」に満ちている、と評すなど日本の近代文学に大きな影響を与えた。

ペスト　カミュ／中条省平・訳

オラン市で突如発生した死の伝染病ペスト。市外との往来が禁じられ、人々の戸惑いが恐慌に変わる一方、リュー医師ら果敢な市民たちは、病人の搬送や隔離など事態の対応に死力を尽くすが……。人間を襲う不条理を驚くべき洞察力で描く小説。

戦争と平和6　トルストイ／望月哲男・訳

ナポレオン軍を迎え撃つパルチザン戦で若い命を落とすペーチャ。フランス軍は敗走を重ね、ついにロシアの地から撤退する。捕虜から解放されたピエールとナターシャの、再会したニコライとマリヤの、そして祖国ロシアの行く末は……。全6巻完結。